Für Marie

Penny McLean

Alltag mit Schutzgeistern

VERLAG PETER ERD · MÜNCHEN

Die Deutsche Bibliothek – CIP-Einheitsaufnahme

MacLean, Penny:
Alltag mit Schutzgeistern / Penny McLean. – München: Erd, 1991
ISBN 3-8138-0220-5

4. Auflage 1993
Umschlaggestaltung: Design-Studio Augsburg
Lektorat: Hans Freundl

Satz: Digital Satz und Druck GmbH, Schrobenhausen
Druck und Verarbeitung: Presse Druck Augsburg
Printed in Germany
ISBN 3-8138-0220-5

INHALT

Vorwort
7

Die Badewanne oder das Hanauer Modell
15

Reinkarnation – Egotrip oder multidimensionale Expansion?
31

Die Kabbalah – Wirr-Warr oder Kosmische Universalphilosophie?
59

Hellsehen – alles Humbug oder verlorengegangene Fähigkeiten des menschlichen Geistes?
133

Literaturhinweise
153

VORWORT

Von Anfang an waren meine Arbeiten über Schutzgeister als Trilogie geplant. Allerdings dachte ich, daß ich mir mit dem dritten Buch etwas mehr Zeit lassen könnte, ungefähr fünf Jahre oder sogar sechs.

Jedoch der Mensch denkt, und das Kollektiv drängt. Das Kollektiv ...? Das Kollektiv ist der eigentliche Grund, warum es überhaupt ein drittes Buch gibt. Obwohl ich schon viel früher ausführlich über dieses Phänomen geschrieben habe, ist es nun notwendig, noch einmal darüber zu sprechen, noch ausführlicher, noch intensiver.

Das Kollektiv, werden Sie vielleicht jetzt nochmals fragen, was ist das Kollektiv? Das Kollektiv ist alles, kann ich nur antworten, Sie, ich, unsere Nachbarn, unsere Feinde, unsere Freunde, die Gruppe, über die ich schon so oft gesprochen habe, und auch das Akasha, genauso wie das, was ich zwei Bücher lang als Schutzgeister bezeichnet habe.

Als ich mich vor drei Jahren an das Thema »Schutzgeister« wagte, ahnte ich nicht, daß in einem anderen Land, in einer anderen Sprache, sich jemand von einer ganz anderen Seite her an das Thema heranmachte, viel weniger vorsichtig als ich, da wissenschaftlich fundiert, und natürlich viel eindrucksvoller, ebenfalls aus dem vorher genannten Grund. Er verschlüsselte nichts, kombinierte Ahnungen mit Forschungsergebnissen und präsentierte schließlich Ergebnisse, die ihn, laut Presse, zum Top-Kandidaten für Bücherverbrennungen machte, ein Prädikat, das durchaus ehrenhaft ist.

Vor ungefähr eineinhalb Jahren kam nach einem Vortrag in Berlin eine Zuhörerin in meine Garderobe, diskutierte mit mir ein bißchen über die verschiedensten Punkte und sagte am Schluß: »Im Grunde erzählen Sie genau das gleiche wie Rupert Sheldrake«.

Ich reagierte nicht, aber der Name Sheldrake war unwiderrufbar in meinem Unterbewußtsein hängen geblieben. Dann dauerte es noch ein paar Monate, bis ich, übrigens wieder in Berlin, noch einmal mit dem Namen konfrontiert wurde: »Du, letzte Woche war Rupert Sheldrake da und sprach über die morphogenetischen Felder. Und die ganze Zeit hatte ich das Gefühl, da spricht jemand hochwissenschaftlich über Deine Badewanne.« Nein, kein lapsus linguae.

Natürlich haben Sie ein Recht zu erfahren, was Sheldrakes morphogenetische Felder und Frau McLean's Badewanne so sehr verbindet, daß die Verwandtschaft einem unschuldigen Berliner Zuhörer offenkundig scheint – darum dieses Buch.

Aber auch, um das Ergebnis meiner Arbeit mit der Kabbalah vorzulegen und mit dem Baum des Lebens, mit dem ich meine Zuhörer immer wieder versucht habe, vertraut zu machen, da ich glaube, daß es ohne dieses Vertraut-Sein keine Basis für ein wirklich selbständiges religionsphilosophisches Weiterdenken gibt. Es ist auch an der Zeit, daß ich mich bedanke bei all den Menschen, die mich gelehrt, weitergeführt und konstruktiv kritisiert haben, ohne jemals aufdringlich oder apodiktisch belehrend gewesen zu sein.

Ich habe dem Mann Dank zu sagen, der mir, einem Goj, dazu noch einem weiblichen, die Geheimnisse seiner Religion so wunderbar erschlossen und übermittelt hat, entgegen allen stammesüblichen Gepflogenheiten. Seinem verständlichen Wunsch gemäß unterbleibt die Nennung seines Namens.

Im richtigen Moment meines Lebens erschien auch Anthony Kinsella, der, scheinbar emotionslos und unbeteiligt, es doch tatsächlich schaffte, meine zuweilen ziemlich brachliegende linke Gehirnhälfte auf Vordermann zu bringen, genauso wie die unbestechliche, ahnungsbegabte Iris Bechmann, die in dem Labyrinth, das ich mich aufgemacht habe zu durchwandern, immer dann mit den entscheidenden Hinweistafeln am Scheideweg erschien, wenn der Ariadnefaden mal gerade wieder ausgegangen war. Danke Euch beiden für Eure Unaufdringlichkeit, Eure Güte und unnachgiebige Beharrlichkeit. Nicht zuletzt möchte ich auch von Herzen meinen Zuhörern danken, vor allem meiner Hanauer und Berliner Gruppe, die mir durch ihre Mitarbeit und ihr Interesse zu wichtigen Ergebnissen verholfen haben.

Vieles wird Ihnen in diesem Buch im ersten Moment vielleicht widersprüchlich vorkommen, als nicht übereinstimmend mit dem, was ich in den ersten zwei Büchern niedergeschrieben habe. Ich kann Ihnen jedoch versichern, daß alles nur eine Weiterführung ist, allerdings manchmal in einer Form, die Ihnen ein etwas unbequemes Umdenken abverlangt, vor allem, was das Verständnis der Begriffe angeht.

Alltag mit Schutzgeistern – der Titel hätte auch heißen können: »Von der Selbstverständlichkeit des Umgangs mit dem Kollektiv«. Sie können mir glauben, daß es viel einfacher ist, *nicht* einfach zu schreiben und daß mich oft der Ehrgeiz sticht, zu zeigen, was man bei diesen Themen sprachlich und inhaltlich demonstrieren könnte. Doch dann erinnere ich mich an die Momente, wo der Finger in der zweiten, neunten oder 14. Reihe meiner Zuhörer zaghaft hochkam, und eine schüchterne Stimme sagte:»Es tut mir so leid, aber ich habe gerade *nichts* verstanden.« Das waren die Momente, wo ich am beschämtesten war und wo ich am besten begriffen habe, was für eine enge Verwandtschaft Pflicht und Demut mit der Verantwortung pflegen, die jeder auferlegt bekommt, der Sprecher dieser Themen ist.

Ein umwerfendes Beispiel zum Thema liefert Frederic Vester in seinem hochinteressanten Werk *Leitmotiv vernetztes Denken,* wo er sich über die Schulbuchsprache zu Recht mokiert. Beispiel: »Der weibliche Elternteil ist im Begriff, die für die Nahrungszubereitungsmaßnahmen reservierte Raumeinheit im Sinne der entsprechend dafür vorgesehenen Arbeitsabläufe der Nutzung zuzuführen.« Übersetzt heißt das nichts anderes als: »Die Mutter kocht in der Küche.« Völlig richtig erkennt Vester, daß auch ein geschriebener Text mehr erreichen kann, als nur das abstrakte Wort zum Schwingen zu bringen.

Also werde ich so einfach bleiben, wie es mir meine Erfahrung abverlangt und meine Forderung an mich selbst, die auf dem Ausspruch meiner schwäbischen Erzieherin basiert: »Z'erscht lernscht dei Handwerk und nachat kannscht a Genie sein.« Eine Weiterführung dieses blitzklugen Satzes kann also nur sein: »Zuerst vermittle eine allgemein verständliche Basis. Genial weiterdenken kann dann jeder für sich allein.« Das ist Freiheit.

Und noch etwas möchte ich klargestellt haben, bevor es losgeht mit dem »eigentlichen« Buch: Ich bin kein Erleuchteter, kein Medium, schon gar kein »Channel«-Medium, auch ist es mir erspart geblieben, als Guru auf dieser Welt einherschreiten zu müssen. Ferner bin ich weder die Wiedergeburt der Königin von Spanien, noch der Malibran, noch irgend eines ägyptischen Hohepriesters, sondern ich bin ganz einfach ein Mensch, den das Thema der Selbst-Findung irgendwann so gepackt hat, daß er nicht mehr aufhören konnte (wollte) zu denken.

Es ist auch notwendig, daß ich einige Ausdrücke in meiner Sprachverwendung erkläre: Wenn ich sage: Dieser oder jener Jenseitige »sagte«, dann meine ich, daß ich einen geistigen Impuls wahrgenommen habe, den mein Gehirn auditiv aufzunehmen und umzusetzen imstande war. Wie dieser Vorgang genau funktioniert, werde ich in einem der folgenden Kapitel noch detailliert erklären. Öfter werden Sie auch das Wort »einklinken« finden. Damit ist gemeint, daß sich jemand mit einer ganz bestimmten Absicht unter Zuhilfenahme seiner Erfahrung, seines Wissens und seiner Kombinationsfähigkeit (auch Intelligenz genannt) in das allgemeine, übergeordnete Wissenspotential, das man auch unter dem Namen »kollektives Überbewußtsein« kennt, eingeschaltet hat. Dies ist ein Vorgang, der erlernbar, trainierbar und im alltäglichen Leben zu verwenden ist, wie ich unzählige Male in meinem Kurs *Hellsehen kann jeder* bewiesen habe.

All dieser Umgang mit den ganz natürlichen geistigen Fähigkeiten des Menschen hat nicht im Entferntesten mit schwarzer Magie, Okkultismus oder irgendwelchen fragwürdigen Praktiken des sogenannten Para-Bereichs zu tun, sondern nur mit meiner unablässigen Bemühung, der fortschreitenden Verkümmerung des menschlichen Hirns entgegenzuwirken. Ich habe nichts gegen Computer im Verwaltungs- und Organisationsbereich. Keinesfalls gehört dieser Apparat jedoch als Spielzeug in die Kinderzimmer, um dort als Ersatz für fehlende Freunde und Eltern, also für nicht vorhandene emotionale Zuwendung, zu fungieren.

Noch einmal zurück zu Frederic Vester, der da schreibt: »Wenn wir Textinhalte mit Freude und Spaß verbinden, setzen wir Lernhilfen ein, denen konkrete biologische Mechanismen zugrunde liegen: die Aktivierung der positiven Hormonreaktionen. Bei späterem Abrufen wiederholen sich die gleichen Emotionen und erleichtern die Weiterverarbeitung der Information.«

Also: Bei allem Ernst und aller Intensität im Umgang mit unseren Themen darf auch wieder gelacht werden. Honni soit qui mal y pense. Und wem ich zu wenig »heilig« mit dem kosmischen Wissen umgehe, der nehme dann eben Frau Blavatsky oder andere, die zu den wirklich kompetenten und wissenden, mit den Themen auch äußerst ernst umgehenden Menschen gehört. Nur: für die positive hormonelle Reaktion wird nicht garantiert.

So danke ich zuletzt allen, die mit mir gelacht, gelernt, geweint und Spaß gehabt haben, für diesen ganz besonderen Kräfteaustausch. Seid alle versichert: Ohne Eure positiven hormonellen und auch sonstigen Reaktionen würde es dieses Buch nicht geben.

DIE BADEWANNE ODER DAS HANAUER MODELL

Jeder Ornithologe weiß, was eine Grasmücke ist. Nur, wer ist schon Ornithologe? Und wer weiß schon, daß es unter den Grasmücken gar herbe Unterschiede gibt, vor allem, was ihre stimmliche Ausdruckskraft betrifft. Man denke dabei nur an die geschätzte Gartengrasmücke (Sylvia hortensis) im Gegensatz zu der weniger beliebten Sperbergrasmücke (Sylvia nisoria), die die menschlichen Nerven mit höchst unangenehmen Schnarrtönen zu reizen weiß. In Hanau jedoch lebt eine ganz spezielle Art von Grasmücken (Sylvia esoterica – pardon, Jürgen und Karin), ein Ehepaar der besonderen Art, über das es sich allemal lohnt, einige Worte zu sagen.

Jürgen Grasmück führt zusammen mit seiner Frau Karin einen esoterischen Bücherladen in der kleinen hessischen Stadt, einen Laden, an dem sich viele, größer aufgemachte, ein Beispiel nehmen könnten. Der Besitzer kennt jedes seiner Bücher, findet Ausgaben, die als längst verschollen gelten, und weiß über die Autoren bestens Bescheid. Doch das genügt ihm nicht. Wenn ihm ein Thema gefällt, dann lädt er den Autor zum Vortrag ein und organisiert so eines der interessantesten Programme, die ich kenne.

Das wäre schon erwähnens- und bemerkenswert genug, jedoch es kommt noch etwas dazu: Der Mann ist total gelähmt. Ich kenne mehrere Gelähmte, aber keinen wie diesen Mann. Er lebt seine Krankheit so selbstverständlich und undemonstrativ, daß man dauernd vergißt, daß er sich nicht bewegen kann, was sicherlich auch in der guten Koordination mit seiner Frau begründet liegt, die mit dem bleischweren Rollstuhl umgeht, als wäre es eine Seifenblase.

Nun, diese Grasmücken luden mich ganz am Anfang meiner Vortragsarbeit ein, bei ihnen zu sprechen, und so kam ich zu einer ganz speziellen Mitarbeitergruppe: aufmerksame, kritische Zuhörer, die mir eine so vorurteilslose Zuneigung entgegenbrachten, daß ich ohne Anspannung arbeiten konnte.

Bei meinem dritten Vortragsabend geschah etwas Eigenartiges. Ich war gerade dabei, über die Gruppe zu sprechen, und zwar genau so, wie ich es in *Zeugnisse von Schutzgeistern* (S. 29 ff.) aufgeschrieben hatte, als sich in den rückwärtigen Reihen ein schlanker Arm erhob und eine Stimme sagte: »Also, das ist ja alles hochinteressant, aber wie funktioniert denn das grundsätzlich? Wie kommt man denn in so eine Gruppe, was für Kriterien spielen denn da eine Rolle, bezüglich des Systems des Zusammenschlusses? Wer bestimmt denn, ob ich in eine Gruppe darf oder nicht und wenn ich drin bin, wie komme ich wieder heraus? Und überhaupt, wieviele Gruppen gibt es denn insgesamt und wie kann man sie erkennen und wie wird man Gruppenherr??« Ich fühlte eine gelinde Panik in mir aufsteigen, im gleichen Moment aber sagte es in mir: *Ganz ruhig bleiben, kein Grund zur Aufregung, zeichne eine Badewanne.*

Ich dachte, ich hätte nicht richtig gehört. Eine Badewanne!?! Ich kam mir vor wie der notgelandete Saint-Exupéry in der Wüste, zu dem der kleine Prinz sagt: »Zeichne mir ein Schaf!« Ich dachte also zurück: Ich kann nicht zeichnen und warum, wenn überhaupt, denn ausgerechnet eine Badewanne??

Wieder kam der Impuls: *Zeichne eine Badewanne.* Ich dachte, ich hätte eine Fehlverbindung, meine Synapsen hätten nicht richtig geschaltet, und was der Überlegungen in einer solchen Situation noch mehr sind, aber was sollte ich tun? Also zeichnete ich zähneknirschend eine Badewanne. Das Hanauer Volk blickte staunend.

»Dies ist eine Badewanne«, sagte ich entschuldigend, da ich mir nicht sicher war, ob mein Kunstwerk als solches genug Aufschluß über seine eigentliche Bestimmung geben konnte. Meine Hanauer nickten ergeben. »Diese Badewanne ist bis zum Rand gefüllt mit Wasser«, fuhr ich fort und malte ein großes H_2O über das Gemälde, »und ist als Symbol für die Gruppe zu verstehen«.

Im selben Moment begriff ich, daß ich eingeklinkt war, und daß ich mir beruhigt selber zuhören konnte. Der Rest war einfach und ist inzwischen als das Hanauer Modell bekannt geworden, das ein völlig einfaches und logisches Eindringen in das Verständnis der multidimensionalen Persönlichkeit ermöglicht.

Hier ist die Theorie:

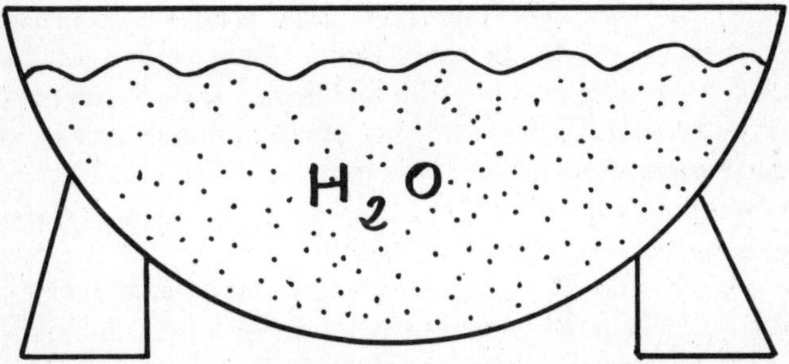

Abb. 1

Dies also ist eine Badewanne – bis zum Rand gefüllt mit Wasser. Unser Auge nimmt dieses Wasser als eine durchsichtige Masse wahr, als ein Ganzes. In Wirklichkeit jedoch besteht diese Masse aus Milliarden von Einzelteilchen, aus Molekularverbindungen, atomaren und subatomaren Teilchen, die im Zusammenspiel das materielle Bild des Wassers erscheinen lassen. Wenn wir ein Mikroskop nehmen, können wir diese Feinstrukturen sogar mit dem Auge erkennen, und so nehmen wir einmal an, wir könnten mit diesen Teilchen reden und sie nach ihrem Namen fragen.

Wir nehmen also einige der Elektronen, die ganz vorne an dem Behälter kleben, und fragen sie mal einzeln ab, wie sie heißen. Jeder nennt uns einen Namen, und so fragen wir uns durch Hunderte von Elektronen, bis wir auf eines stoßen, das einen Namen trägt, den wir während dieser Befragung schon einmal gehört haben. Wir denken, wir hätten uns verhört, aber nein, dieses Elektron behauptet weiterhin so und nicht anders zu heißen. (Im Vortrag heißen meine Elektronen der Anschaulichkeit halber Erna, Anna, Leonard, Erwin, Plato, Dr. Steiner, Frau Meyer-Gerlitz und John, völlig unterschiedliche, scheinbar wahllos zusammengeholte Namen.) Also finden wir uns damit ab, daß zwei Elektronen den gleichen Namen haben, was ja auf der Erde bei den Menschen auch vorkommt und fragen uns weiter durch. Aber immer öfter geraten wir an dieselben Namen und endlich befragen wir ein Elektron, ob es denn von seinen Namensvettern Kenntnis habe, und zu unserer Verwunderung erfahren wir, daß es nicht nur Kenntnis vom anderen hat, sondern auch behauptet, das gleiche zu sein.

Dies war der Moment, wo ich zum ersten Male dankbar war, den Unterschied zwischen »das gleiche« und »dasselbe« zu kennen. Dem war nicht immer so. Und weil ich befürchte, daß es vielleicht noch einige Menschen gibt, die diese Differenzierung nicht durchschauen, hier die Erklärung: Sie stehen am Fenster und sehen auf der Straße ihre Freundin Anja in einem roten Golf vorbeifahren. Wenige Meter hinter ihr fährt genau der gleiche Golf, rot mit schwarzen Sitzen, aber, natürlich, mit einem anderen Fahrer. An der nächsten Kreuzung wendet Anja und fährt wieder unter Ihrem Fenster vorbei. Das, was Sie jetzt sehen, ist *derselbe* Golf, den Sie vor einer Minute schon mal gesehen haben. Der andere, der gleiche rote Golf, ist inzwischen schon drei Querstraßen weiter.

Nun aber mehr von unseren Elektronen: Wir schaffen es tatsächlich, uns durch alle durchzufragen, und wir kommen letztendlich zu folgendem Ergebnis: Erna existiert in der Badewanne mit 72000 Anteilen, Anna mit, na sagen wir mal, mit 84000 Anteilen, während Leonard 267000 Anteile sein eigen nennt. Erwin verfügt momentan über 112000 Anteile, was in keinem Verhältnis steht zu der Anteiligkeit von Dr. Steiner: er besitzt 987000 Anteile, was in der ganzen Badewanne die absolute Spitze ist.

Frage: Wo kommen die Elektronen her, welche die Anteile letztendlich bilden und warum hat der eine mehr, der andere weniger? Antwort: Die Elektronen kommen aus der sogenannten negativen Existenz, die sich zusammensetzt aus dem absoluten Nichts, der Unendlichkeit und dem unbegrenzten Licht. Diese Begriffe sind dem Kabbalisten auch bekannt als das Ain Soph Aur, welches die Geburtsstätte aller sichtbaren und endlichen Dinge ist, oder, noch genauer aller Potentiale, die in sich die Fähigkeit und die Absicht tragen, sich im Zeit- und Raumgefüge zu manifestieren.

Die Anzahl der Anteile resultiert aus dem Bewußtsein derselben. Je bewußter jedes Einzelteil wird, desto mehr ist es in der Lage, andere Anteile an sich zu binden, es wird intensiver in seiner Anziehungskraft und erhöht so automatisch die Gesamtenergie seiner »Gruppe«. Viel klarer und verständlicher wird Ihnen diese reichlich abstrakte Erklärung nach dem Lesen des Kapitels über die Kabbalah sein.

Doch kehren wir zurück zu unserer simplen (?) Badewanne. Einige der Elektronen habe ich mit Namen gekennzeichnet und unser Interesse gilt diesmal vor allem den Elektronen mit Namen Erwin. Diese Elektronen, welche miteinander in einer besonders innigen Verbindung stehen, haben nämlich soeben beschlossen, das im Immateriellen Erlernte nun in der Materie zu erproben. Die Gesamtenergie der Badewanne bekommt diesen Entschluß natürlich mit und es bildet sich eine Schöpfkelle, die sich anschickt, sich von oben in die Badewanne zu senken. Je mehr sich diese Kelle nun dem Gruppenverband H_2O nähert, desto unruhiger wird der Verband der Mitglieder mit Namen Erwin, denn durch seine Absicht wurde die Kelle ja gerufen. Endlich senkt sie sich in die Wanne, und sofort stürzt alles in die Kelle, was Erwin heißt.

Kaum ist die Schöpfkelle gefüllt, wird sie auch schon wieder herausgezogen und nun wollen wir uns doch einmal ganz genau den Inhalt des Geräts anschauen. Also befragen wir wieder einmal unsere Elektronen nach ihren Namen, und befriedigt erfahren wir, daß einer nach dem anderen sich mit Erwin meldet: Nr. 71: Erwin, Nr. 113: Erwin, Nr. 156: Frau Meyer-Gerlitz – Moment mal!

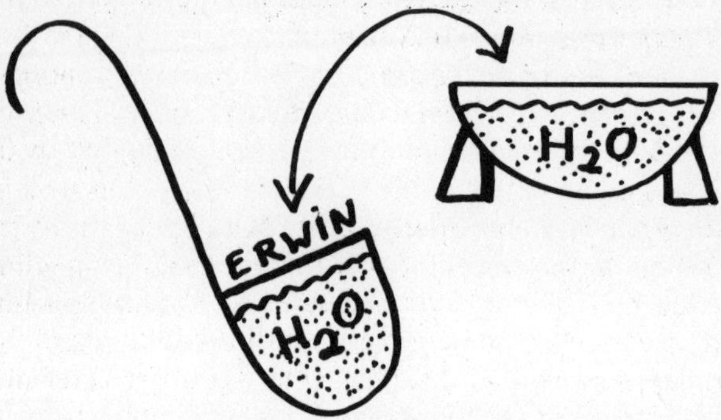

Abb. 2

Dies ist doch Erwins Schöpfkelle. Was hat also Frau Meyer-Gerlitz darin zu suchen? Vielleicht ein Versehen, denken wir, und fahren fort mit der Befragung. Und wieder stoßen wir auf Frau Meyer-Gerlitz, aber nicht genug damit, wir stoßen auch auf mehrere Anteile namens Leonard, auch Herr Steiner ist vertreten, ganz zu schweigen von Erna, die besonders häufig auftaucht. Am Schluß der endlosen »Volks-Zählung« ergibt sich folgendes Endergebnis: Inhalt der Schöpfkelle: 86000 Anteile Erwin, 7000 Anteile Leonard, 12000 Anteile Dr. Steiner, 35000 Anteile (!) Erna, 2000 Anteile Plato sowie mehrere niederzahlige Anteile verschiedener Namen, die wir vorher unerwähnt gelassen haben.

Damit hat Erwin zweierlei geschafft: Er hat sein ursprüngliches Eigen-Potential von 112000 Anteilen durch Integration verschiedenster Fremdanteile wesentlich erhöht und hat damit seine Kombinationsmöglichkeiten um ein Beträchtliches gesteigert. Wie sind nun die Nicht-Erwins in die Kelle gekommen? »Gleich und gleich gesellt sich gern, wer Du bist, zeigt Dein Begleiter ...« und so weiter und so weiter.

Erst heute begreife ich, warum ich dieses Gedicht immer und immer wieder verwendet habe, und wie es im Laufe des Entwickelns und Begreifens einen beinahe bedrohlichen Unterton bekommen hat. »Was Du billigst noch so fern ...« Das heißt: Was Du auch nur im Entferntesten akzeptierst, auch nur im Ansatz beliebäugelst, wird in Deinem Bewußtsein als angenommener Bestandteil einprogrammiert. Die »Badewanne« betreffend heißt das: Eintritt hat jeder, der sich mit der Grundidee des Begründers identifiziert und in diesem Sinne zur Mitarbeit bereit ist. Wenn dies jedoch die einzige Voraussetzung zum Erwerb der »Eintrittskarte« wäre, würde Steiners »Badewanne« schon längst am Überlaufen sein.

Die Anforderungen an Mitglieder müssen also doch noch ein bißchen höher sein und auch davon ist im Kapitel »Die Gruppe« *(Zeugnisse von Schutzgeistern)* schon die Rede. Es heißt hier: In den Gruppen herrscht eine hierarchische Ordnung, die aus der Reife und Verwendungsmöglichkeit der Mitglieder resultiert. So, da haben wir's! Es wird also eine gewisse Reife und auch eine Qualifikation erwartet, die eine optimale Verwendung in der Gemeinschaft erhoffen läßt. Ich glaube, wir liegen gar nicht so daneben, wenn wir das Ganze zuerst einmal wie eine Marken-Firma betrachten.

Da gibt es vom Portier, über die Putzfrau, das Lehrmädchen, das Telefonfräulein bis hinauf zum Big Boss die diffizilsten hierarchischen Feinabstufungen, die sich aus der Qualifikation des einzelnen ergeben. Natürlich wird der Portier eher der Chefsekretärin als der Putzfrau die Türe aufhalten. Trotzdem ist jeder ein wichtiges Mitglied in dem Zusammenspiel der Kräfte, was sich zeigt, wenn die Putzfrau mal drei Tage krank macht. Sofort kriegt der Boss seinen Morgenanfall, weil der Papierkorb von gestern noch überquillt. So sieht man, wie Unten und Oben zusammenhängen. Vielleicht macht die Putzfrau aber auch nebenher einen Abendlehrgang, holt das Abitur nach, arbeitet sich hinauf, gewinnt dazu auch noch im Lotto und kauft 30 Prozent der Firmenanteile auf. Und schon ändert sich das ganze hierarchische Gleichgewicht. Sie könnte aber auch das goldene Feuerzeug stehlen, das jemand auf einem der Schreibtische liegengelassen hat, und schon fliegt sie hinaus. Es könnte auch die Sekretärin den Abteilungsleiter heiraten und ganz mit der Arbeit im Betrieb aufhören, sich dafür nur noch um Haushalt und Kinder kümmern. Dann muß Ersatz gefunden werden, während die Gemeinschaft der Familienfürsorge ein weiteres Mitglied erhalten hat. Der Möglichkeiten wären noch hunderttausende, ganze Fernsehserien sind aus solchen Überlegungskombinationen schon entstanden. (Dallas, Gruppenherr: J. R., Schwarzwaldklinik, Gruppenherr: Professor Brinkmann.) Wie unten, so oben.

Jeder Gedanke, der in der Materie entstehen kann, ist in der geistigen Welt vor-formiert worden. Das heißt, alles, was auf dieser Erde möglich ist, ist es nur deshalb, weil es den Vorgang in der geistigen Welt schon gegeben hat. So profan ist das!

Denken wir aber nun weiter. Es ist davon auch die Rede gewesen, daß die hierarchische Spitze einer Gruppe expandiert, sich dadurch selbst herauslöst und sich durch diesen Vorgang im Energiepotential verdichtet.

Profanes Beispiel: Drei Abteilungsleiter einer riesigen Firma in Leverkusen finden das Allgemeinkonzept des Betriebs mit ihren eigenen, im Lauf der Zeit gewachsenen ökologischen Ansprüchen nicht mehr übereinstimmend, und beschließen, eine eigene Firma aufzumachen, die ihren Vorstellungen mehr entspricht. Ganz bestimmt werden sie verschiedene Modi der Verwaltung und auch vielleicht der Werbung in ihren eigenen, neu gegründeten Betrieb übernehmen, grundsätzlich jedoch ist ihre Zielrichtung nicht mehr 100prozentig übereinstimmend mit der ihres ehemaligen Arbeitgebers. Möglicherweise werben die drei auch noch ein paar Sekretärinnen, Chemiker, Putzfrauen und Buchhalter ab und verwenden vielleicht auch noch das Adressenmaterial ihrer früheren Firma. Trotzdem sind sie, samt aller verbindenden oder trennenden Komponenten, Ergebnisse ihrer früheren Arbeitsplatzerfahrungen und somit allein und voll verantwortlich für die Expansion ihres neuen, eigenen Unternehmens.

Natürlich kann man sich von einem Arbeitsplatz in Frieden und im Streit trennen. Was in Zukunft die Beziehungen, auch zu anderen Geschäftspartnern begünstigen, beziehungsweise belasten kann. Man kann mit seiner neuen Firma auch so hervorragend arbeiten, daß der Betrieb, in dem man selbst ursprünglich gelernt hatte, überflüssig wird, das heißt, im Zuge der freien Marktwirtschaft den Anforderungen des Wettbewerbs nicht mehr standhalten und stattgeben kann, bankrott geht, und sich alle Angestellten neue Arbeitsstellen suchen müssen. (Siehe Fluggesellschaft German Air. Leider!!) Genau diese Vorgänge spielen sich innerhalb der Badewannen, also des Gruppengefüges in der geistigen Welt ab, um nochmals nachhaltig mit dem Irrglauben und dem Märchen aufzuräumen, »drüben« sei alles gut, rein und edel. Wie hüben, so drüben. Was unten, das oben. Wie im Mikrokosmos, so im Makrokosmos. Wie im Geist, so in der Materie.

Also geht es weiter mit dem Gedanken: Leider gibt es auch feindliche Gruppen. (*Zeugnisse von Schutzgeistern*, S. 37.) Stellen Sie sich vor, wir hätten es, unter Aufbietung aller Kräfte endlich geschafft, einen wirklich erstklassigen Betrieb erstehen zu lassen, Produkte auf den Markt zu bringen, die noch nie vorher dagewesen waren, verbunden mit einer hochoriginellen Werbung, was uns eine solch unerwartet hohe Umsatzsteigerung bringt, daß wir in unserem Betrieb landesunübliche Sozialleistungssteigerungen durchführen können. Wir expandieren immer weiter, weil sich die Qualität der Betriebsatmosphäre genauso herumspricht wie die Qualität unserer Erzeugnisse. Allein die Betriebszugehörigkeit öffnet den Angestellten auch anderweitig Tür und Tor. Das erweckt Neid.

Es könnte also passieren, daß ein anderer Betrieb beschließt, uns ein bißchen ins Handwerk zu pfuschen und das machen diese Leute nach einem ganz alten, aber allzeit probaten System: Werkspionage, heißt die Devise. Der Mensch ist käuflich, wie man weiß, und so wechseln eben eines schönen Tages die gehüteten Formeln für ein Erfolgsprodukt für viel Geld (Macht) den Besitzer. Dann werden Gerüchte in die Welt gesetzt: In dem Produkt seien ja Giftstoffe enthalten, außerdem sei der Chef in ein übles Drogengeschäft verwickelt. Nun zeigt sich, wie gut der Kern des Unternehmens ist. Entweder man schafft es, mit den Schwierigkeiten fertig zu werden, was nur funktionieren kann, wenn alle Mitarbeiter ein ausgeprägtes Vertrauensverhältnis untereinander, wie auch zur Führungsspitze haben, oder die Struktur verliert immer mehr an Zusammenhalt und löst sich letztendlich auf.

Besonders schwer haben es die Mitarbeiter im Außendienst. Denn der Informationsfluß kann nur indirekt arbeiten und da sie nicht unmittelbar integriert sind, sind sie bei Angriffen besonders gefährdet. Je besser die Bezugspersonen im Betrieb mit ihnen nun korrelieren, desto größer ist die Chance, daß Schwierigkeiten zu aller Zufriedenheit abgewendet und gelöst werden können. Ist ein Außendienstmitarbeiter nur eben dabei, um irgendeinen Job zu haben, so ist er erstens leicht abzuwerben, zweitens leichter bereit, Betriebsgeheimnisse preiszugeben, und drittens wird er durch Desinteresse (mangelndes Bewußtsein) der Expansion der Firma entgegenwirken.

Ich glaube, ich brauche Ihnen nicht den ganzen Text in den geistigen Bereich zu transponieren. Klar, daß die »Außendienstmitarbeiter« wir, die momentan Inkarnierten sind, und klar, daß »Gerüchte« nichts anderes sind als Angriffe auf das gesamte, aber auch individuelle, persönliche geistige Potential. Kommen wir doch noch kurz auf das Thema Werkspionage und gehütete Formeln zu sprechen. Jede Familie hat ein Geheimnis, mit dem sie nie an die Allgemeinheit gehen würde, genauso, wie es in jeder anderen Gemeinschaft gehütete Dinge gibt. In manchen Sippenverbänden kommt es deswegen zu Mord und Totschlag. Genauso hat jede Gruppe ihr Geheimnis, ihren nur für Mitglieder erkennbaren Code.

Als ich vor nunmehr 18 Jahren fragte, was meine Aufgabe sei, und, unter vielem anderen zur Antwort bekam: *Du wirst die Gruppe sammeln,* da hatte ich nicht die leiseste Ahnung, wie das funktionieren sollte und welche Rolle ich dabei zu spielen hatte. Inzwischen kann ich Ihnen versichern: Wer immer die Organisation im Hintergrund geleitet hat, er hat das Zielprogramm erreicht. Der in den Büchern verschlüsselte Code ist erkannt worden, die Zugehörigen haben sich zusammengeschlossen, und zwar ohne Tam-Tam und Aufwand, und arbeiten als still fungierende Interessengruppen. Und das beste daran ist, daß derjenige, der die Wirksamkeit der Verschlüsselung als letzter erkannte, ich selber war.

Ja, ja, der Rattenfänger! Man muß eben Märchen richtig lesen können. Ich kann Ihnen inzwischen in aller Ruhe sagen, daß es mir wirklich völlig gleich-gültig ist, ob die Wesenheit, mit der ich Kontakt hatte, nun der Rudolf Steiner war, den wir achten und schätzen als Geistesgröße des beginnenden 20. Jahrhunderts. Das, was diese Aussagen bewirkt haben, auch, wie sie ihre Erfüllung gefunden haben, ist so unglaublich, daß es meines speziellen Kommentars weiß Gott nicht mehr bedarf.

Als mir damals gesagt wurde: *Du bist mein Sammler, mein Wecker, mein Rattenfänger,* da waren mir die ersten beiden Begriffe angenehm, wenn auch nicht vertraut und erklärbar. Mit dem Rattenfänger konnte ich jedoch nichts anfangen. Bis nach einem Vortrag in Duisburg ein Mann mit einem eigenartig weißen Gesicht an mich herantrat und sagte: »Haben Sie schon einmal überlegt, was der Rattenfänger tut? Er spielt die Flöte. Er erzeugt Töne, die so klingen, daß die Ratten ihm folgen, bis hin ins Wasser, wo sie ertrinken.« Ich merkte wie sich Gänsehaut ausbreitete. Was, um Gottes willen, wollte mir der Weißgesichtige sagen? Er tat so oder merkte tatsächlich nicht, wie unruhig ich wurde: »Wissen Sie, was Ratten tun? Sie fressen die Ernte, das Brot, das Lebensnotwendige. Wir tragen alle Ratten mit uns herum, die fressen an unserer Lebensenergie.«

Er lächelte mich freundlich an, während meine Gänsehaut nicht weniger wurde. Er bewegte seinen Mund dabei nicht, und trotzdem lächelte er: »Du spielst eine gute Flöte, Rattenfänger. Aber vergiß nicht, die Ratten auch immer im Wasser abzuliefern, sonst könnte es sein, sie fressen Dich.« Und er drehte sich um und ging. Ohne ein weiteres Wort, dessen es auch nicht bedurft hätte. Ich hatte verstanden. Erst nachher, beim Abhören des mitgeschnittenen Tonbandes, konnte ich feststellen, daß im ganzen Vortrag vom Rattenfänger nicht die Rede gewesen war. Manchmal ist es Zeit, zu wissen ...

Also fragen Sie nicht herum, rätseln Sie nicht und versuchen Sie nicht, Geheimnisse zu erblicken, wo keine sind. Kommt Zeit, kommt Offenbarung, ganz still, selbstverständlich und ohne Orchester-Tusch. Suchen Sie auch nicht krampfhaft nach Ihrer Gruppe und den Mitgliedern. Seit tausenden von Jahren finden sich die Angehörigen, auch ohne mein wertes Zutun, und zwar immer im richtigen Moment.

Trotzdem ist es ein unwiderstehlicher Gedanke, sich vorzustellen, daß eines Tages die Menschen ihr Zugehörigkeits-Symbol wie einen Namenssticker an sich tragen, oder stellen Sie sich Inserate vor: »Angehöriger der Gruppe Steiner/Plato sucht Gastplatz in der Gruppe Menuhin/Franz von Assisi. Auch zeitlich begrenzter Austausch möglich. Code-Zeichen ...«

Übrigens hat Hesse über dieses Zeichen bereits geschrieben, und zwar im »Demian«. Der trägt ein Zeichen auf der Stirn, ein unsichtbares ... Und auch im unvergeßlichen *Melchior Dronte* wird der kindliche Dronte gezeichnet von seinem Ewli, seinem unsterblichen Selbst, mit dem er letztendlich eins wird. Diese »Zeichensetzung« ist in beiden Fällen symbolisch gemeint, trotzdem gibt es Male, die Verbindungen erkennen lassen. Machen Sie die Augen auf und beobachten Sie. Der Fernseher liefert Ihnen tagtäglich Bildmaterial von Menschen aus aller Welt.

Ein anderes Zeichen ist dieses Gefühl »Dich kenn ich seit hundert Jahren«, obwohl man sich eben vor drei Minuten zum erstenmal in diesem Leben gesehen hat. Die »Badewanne« ist auch ein erstklassiges Hilfsmittel, um den Unterschied zwischen Soulmate (Seelengefährte) und Soultwin (Seelenzwilling) zu erklären. Seelengefährte ist jeder, der unter der Flagge der selben Absicht voranarbeitet, er kann aus der selben Badewanne sein, muß aber nicht. Soultwin kommt auf jeden Fall nicht nur aus derselben Badewanne, sondern hat aus demselben Potential Anteile in die Materie inkarniert wie Du selbst. Das heißt, wenn das Potential von John 176840 Anteile hat, dann könnten Sie aus diesem individuellen Potential möglicherweise 16000 Anteile für Ihre eigene Inkarnation beansprucht haben. Wenn Sie nun auf jemanden treffen, der ebenfalls die Idee gehabt hat, sich aus dem John-Potential zu bedienen, dann wird die energetische Schwingung so fühlbar übereinstimmen, daß Sie den weitverbreiteten Fehler begehen könnten zu glauben, Ihr Dual stände Ihnen gegenüber.

Noch einmal sage ich es: ein Dual ist Ihnen niemals gleich. Wie oft habe ich erlebt, daß mir Menschen freudestrahlend ihr »Dual« vorstellen wollten mit dem Begleittext: »Wir denken, fühlen, sagen dasselbe, haben die gleichen Anschauungen, verstehen uns ohne Worte, nie gibt es Streit oder ein böses Wort.« Das, meine Lieben, ist mit Sicherheit kein Dual. Vergessen Sie bitte nie, daß das Dual der absolute Gegenpol ist. Wenn ich alle Durchsagen bezüglich des Themas »Dual« durchlese, gestatte ich mir heute sogar den Hinweis, daß nie gesagt wurde, daß das Dual außerhalb unseres Ich gefunden werden muß.

Hilfreich in einer diesbezüglichen Überlegung mag die

Aussage sein: »Zuerst mußt Du die Dual-Gemeinsamkeit bewältigen und in Frieden in (!) ihr leben, bevor Du Frieden in die Gemeinschaft (Badewanne?) bringen kannst. Dein Dual triffst du in dem Moment, wo Du sein Bild klar vor Deinem geistigen Auge erstehen lassen kannst (Selbst-Bewußtsein). Dein Überbewußtsein hat dieses (Gesamt-) Bild nie verloren.« Ich bin gespannt, welche Aussagekraft diese Aussagen in 10, 40 oder 100 Jahren bekommen werden, angesichts der Expansion in den letzten paar Monaten.

Ich gebe hiermit zu, daß ich keine Ahnung hatte, was sich hinter diesen Bekundungen, niedergeschrieben im Jahr 1989, durchgegeben in den siebziger Jahren, alles verborgen hat. Und ich weiß schon heute, daß ich in 10 Jahren genau dasselbe von dem sagen werde, was ich heute niederschreibe. »Die eigentliche Aufgabe besteht darin, in der Gemeinschaft aufzugehen, dergestalt, daß das Ich nicht mehr zählt. Dann bist Du reif für eine nicht erdische Inkarnation.« (*Zeugnisse von Schutzgeistern,* S. 50)

Ich kann also aus meiner Badewannen-Gruppe sowohl in erdische Inkarnationen gelangen, als auch mich in völlig anderen Formen versuchen. Und bevor wir nun an die Frage herangehen, ob wir, während wir auf dieser unserer Erde unser Dasein fristen, vielleicht gleichzeitig in einer völlig anderen Form und anderen Dimension unsere Reifung vorantreiben, klären wir doch erst einmal, wie eine Inkarnation nun tatsächlich aussehen könnte.

Ich bin mir klar, daß ich damit die geläufige Inkarnations-Theorie über den Haufen werfe, aber auf der anderen Seite denke ich, es ist nun langsam an der Zeit, daß wir mit diesem infantilen Gerede: »Ich war Herzogin am französischen Hof und dann die Geliebte von Richard Wagner und dann ...« für immer aufhören. Das ist der größte Verdienst des Hanauer Modells, daß ich begriffen habe, daß es so, wie eben beschrieben, wohl nicht funktionieren kann.

REINKARNATION – EGO-TRIP ODER MULTIDIMENSIONALE EXPANSION?

Es war kurz nach dem denkwürdigen Hanauer Abend. Ich fuhr mit Freunden nach Augsburg in ein Konzert des Entertainers (was für eine unpassende Bezeichnung für diesen Bühnen-Giganten) Herman van Veen. Nach mehr als einer Stunde von Zugaben trafen wir uns mit ihm in einer Bar unter dem Dach eines großen Hotels. Und da erzählte mir Herman folgende Geschichte:

»Du, Penny, stell dir vor, da gibt es eine Dame in Amsterdam die spricht mit Schubert! Wie findest Du das!« Ich fand das relativ normal. Herman übrigens auch. Doch dann kam es. »Und weißt du, Penny, was diese Dame gesagt hat?« Er machte eine bedeutungsvolle, dem Thema angemessene Pause. »Sie hat gesagt, Schubert hätte ihr erzählt, er sei im Moment im Körper eines argentinischen Pianisten inkarniert. Wie findest du das! Wie kann denn Schubert auf der einen Seite aus dem Jenseits mit einer Dame aus Amsterdam sprechen und auf der anderen Seite im Körper eines Pianisten existieren?«

Wissen Sie die Antwort? Nun, ich hätte sie auch nicht gewußt, hätte nicht eben kurz vorher der Abend in Hanau stattgefunden. Nein, diese Dame aus Amsterdam ist weder eine Lügnerin noch eine Spinnerin, sondern jemand, der hunderte von Kilometern entfernt sein persönliches »Badewannen-Erlebnis« gehabt hat. (Im Moment fällt mir ein, daß ich ja schon mal eine sehr eigenartige Verbindung zu Amsterdam gehabt habe. Nachzulesen in *Kontakte mit Deinem Schutzgeist*, S. 22)

Doch bevor wir an Beantwortung und Erklärung herangehen, noch ein Beispiel zur Erleichterung des späteren Verständnisses: Vor Jahren geriet ich auch an eine Dame, die zwar nicht mit Schubert sprach, aber von sich behauptete, Inkarnationen anderer Menschen »sehen« zu können. Diese Dame versicherte mir, ich sei Königin von Spanien gewesen (ha! da haben wir's!) und vorher irgendwann ägyptische Hohepriesterin, was mir gar wohl gefiel. Ganz tief hinten in meinem Kleinhirn fragte zwar ein schüchternes Stimmchen, woher denn meine Begabung als Sängerin, Techniker und Friseuse käme, aber wer will denn auf so etwas schon achten, wenn er eben in die oberen Ränge aufgestiegen ist. Noch später erlebte ich eine sogenannte Rückführung und siehe da, ich sprach doch tatsächlich spanisch während dieser Aventure und behauptete auch, Priesterin in Ägypten gewesen zu sein, sogar mit genauen Zeitangaben, die historisch einer Nachprüfung durchaus standhielten.

Dann kam ich im Laufe meiner Karriere nach Mexiko und daselbst nochmals in den Genuß einer Rückführung. Diesmal wurde es ernst. Denn ich sprach astreines Englisch des 16. Jahrhunderts, erzählte eine Menge über die Theatertruppe eines gewissen William Shakespeare, um dann fast übergangslos zu erklären, daß ich noch einmal in England gewesen sei als Tochter des Beraters des englischen Königs, wobei ich auch ausführlich beschrieb, wie ich daselbst zu Tode gekommen sei. All diese Erzählungen hätten mich nicht im geringsten erstaunt, wenn nicht ... ja, wenn nicht die Tochter-Inkarnation haargenau in den Zeitraum gefallen wäre, wo ich doch eigentlich die Königin von Spanien hätte gewesen sein müssen.

Ich suchte also eine dritte Person auf, die der Rückführung kundig war, unterließ es tunlichst, ihr zu erzählen, was ich bereits erfahren hatte, und erwartete mit Spannung das Ergebnis. Diesmal behauptete ich, auf Atlantis gelebt zu haben, wo ich als Lehrer für Rhetorik und Rechtswissenschaften tätig gewesen sein wollte, wechselte alsdann den Tonfall und erzählte von einem anderen Planeten, auf dem ich Kommandant einer Luftflotte gewesen sei. Nun wurde die Geschichte eng.

Priesterin, Kommandant und Atlantier kamen sich etwas ins Gedränge, auch die spanische Königin kollidierte nachhaltig mit englischer Tochter, und so befand ich, daß mit mir wohl etwas nicht ganz in Ordnung war, oder – mit der ganzen Inkarnationstheorie. So fing ich an, nach Leuten zu suchen, die auch Rückführungen hinter sich gebracht hatten und siehe da, ich traf eine stattliche Anzahl ebenso verunsicherter Wesen wie mich selbst, die haargenau dasselbe erlebt hatten wie ich. Ab sofort erklärte ich dieser meiner Erfahrung zufolge, jegliche sogenannte Reinkarnationstherapie als unsinnig. Ja, ja, man sollte sich eben ein wenig mehr Zeit lassen mit Erklärungen. (Wanderer, kommst du nach Hanau ...)

Tatsache war und ist, daß ich mich mit den Werken Shakespeares hervorragend auskenne, jedoch nur in der Originalsprache, daß ich vom Anrufbeantworter bis zum Auto technisch nicht abzuschrecken bin, daß ich, aus vorher unerfindlichen Gründen, genau weiß, wie sich das spanische Hofzeremoniell abspielt und daß ich schon als Kind lange Verteidigungsreden zugunsten von Übeltätern hielt, die aufgrund ihrer rhetorischen Qualitäten durchaus bisweilen von Erfolg gekrönt waren. Dazu kommt, daß ich eine passable Interpretin spanischer Folklore bin und zwar in Tanz und Gesang. Es muß hinzugefügt werden, daß ich ansonsten eine wirklich miserable Tänzerin bin, wovon die leidgeprüften Choreographen der Gruppe Silver Convention bis heute ein Klagelied singen können.

Von allen Reinkarnationstherapeuten war mir erzählt worden, ich hätte erwähnt, ich sei in einer englischen Inkarnation bestialisch gefoltert und umgebracht worden, um genau zu sein, ich wurde ersäuft. Also, dachte ich mir, müßte ich ja eigentlich extreme Angst vor Wasser haben. Dem ist aber nicht so. Denn, obwohl ich angenehmere Elemente als das Wasser kenne, bin ich doch eine ganz leidliche Schwimmerin mit allen landesüblichen Scheinen. Also, keine Angst vor dem Nassen – dachte ich.

Es begab sich bei einer Talk-Show im Hilton Hotel in München. Gast der Veranstaltung war die Hellseherin Marija Schwepper, mit der ich auch nach Beendigung der Show an einem Tisch zu sitzen kam. Wir saßen uns gegenüber, ich hatte die Hände unter dem Tisch im Schoß gefaltet und meine Füße befanden sich, wie es sich gehört, wohlverpackt in geputzten Schuhen, ebenfalls unter dem Tisch.

Marija Schwepper schaute mich scharf an, fast schien es, als blicke sie durch mich durch, und dann sagte sie, scheinbar völlig aus der Luft gegriffen: »Sie sind in England zu Tode gefoltert und ersäuft worden, das sieht man noch heute.« Es wurde sehr still am Tisch. »Wo sieht man das?« fragte ich, leicht gereizt. »An Ihren Daumen«, sagte Marija ruhig, »und an Ihren Zehen. Sie sind noch immer breitgequetscht, wie damals nach den Daumenschrauben.« Ich holte meine Hände, die die ganze Zeit unter dem Tisch gelegen hatten, hervor und legte sie auf den Tisch. Ein andachtsvolles »Aaah!« begleitete diesen Vorgang. Denn wenn etwas an meinen sonst ganz normalen Händen nicht zu übersehen ist, dann sind es die breitgequetschten Daumen. Von meinen Zehen ganz zu schweigen. Die sehen aus wie bessere Suppenlöffel. Gottseidank verzichtete man an diesem Abend allgemein auf eine diesbezügliche Demonstration meiner Extremitäten. Also gut, dann war ich eben irgendwann gefoltert worden. Wahrscheinlich ist, daß das jedem von uns einmal passiert, aber ersäuft? Da war doch kein Hinweis zu finden. Und ich verschwendete auch keine Zeit damit, nach einem zu suchen.

Bis zu diesem Tag in Dortmund. Mein Freund Andreas ist Delphin-Fan und seit ich ihn kannte, erzählte er mir von den Delphinen im Tierpark Dortmund (»Du mußt unbedingt Dolly sehen«). Also war es völlig klar, daß wir, als wir einmal gemeinsam in Dortmund zu tun hatten, in den Zoo wanderten, übrigens eine besonders schöne Anlage mit einem japanischen Garten. Natürlich wurde ich sofort zum Delphinarium geschleift, welches jedoch, oh mißgünstiges Geschick, wegen Trächtigkeit der Delphinweibchen geschlossen war. Andreas gab sich aber nicht so schnell geschlagen und fand schließlich ein Treppchen, das in irgendwelche unterirdischen Gewölbe führte, und bevor ich mich's versah, stand ich inmitten des Aquariums, gute drei Meter unter der Wasseroberfläche. Hinter den Glasscheiben schwebten fröhlich blickende Delphine vorbei und Andreas klebte begeistert an den riesigen Glasscheiben, die uns von dem direkten Geschehen trennten. Im selben Moment bekam ich Todesangst.

Es war keine Beklemmung, kein Unwohlsein, nein, es war blanke Todesangst. Ich brauchte alle meine Beherrschung, um nicht wie eine Wahnsinnige lozubrüllen, eine grauenvolle Übelkeit ergriff mich von einer Sekunde zur anderen, meine Fuß- und Handgelenke brannten wie Feuer und ich hatte das Gefühl, auf der Stelle ersticken zu müssen. Andreas merkte im letzten Moment, was los war, fing mich, bevor ich vollends das Gleichgewicht verlor und schleppte mich ans Tageslicht. Ich zitterte am ganzen Körper und konnte zunächst überhaupt nicht erklären, was los war.

Es muß in desem Zusammenhang gesagt werden, daß ich keine Angst vor Dunkelheit habe, mich in stockdunklen Räumen wie eine Fledermaus zurechtfinde, aber – und das fiel mir erst später ein – mich immer gewehrt habe, zu tauchen, und fast hysterisch reagierte, wenn man, selbst erkennbar spaßeshalber, versuchte, mich unterzutauchen. So, das sind meine eigenen Erlebnisse und ich habe sie deswegen so ausführlich erzählt, weil sie signifikant sind für viele, viele inkarnative Erinnerungen von Menschen, die ich befragt habe.

Wir haben hier also jemanden, dessen Inkarnationserinnerungen sich eindeutig überschneiden, dessen Talente andererseits auf einen gewissen Wahrheitsgehalt der während der Therapien erfolgten Eigenangaben schließen lassen. Wo liegt also der Fehler? Habe ich nur eine blühende Phantasie, oder bin ich eben nur hysterisch, und sind alle Therapeuten und auch Frau Schwepper im Grunde nur Scharlatane, oder was? Oder – stimmt vielleicht etwas nicht mit unserer Inkarnations-Theorie? Oder – reifen wir soeben hinüber in eine neue Form des Be-g-reifens?

Die Antwort kam am Abend in Hanau. Und absichtlich habe ich das damals Gesagte eher noch einfacher wiedergegeben, weil ich möchte, daß es wirklich jeder versteht.

Wenn das alles stimmen soll, was ich vorher erzählt habe, dann müßten sich die jetzigen Angaben eigentlich haargenau decken mit dem, was ich vor zwei Jahren in »Zeugnisse von Schutzgeistern« niedergeschrieben habe. Sehen wir also nach und vergleichen wir. Da sagt die Wesenheit, die sich den Namen Steiner gegeben hatte, folgendes: *Ich bin der Gruppenherr. Das heißt, daß ich in dem Energie-Konglomerat einen Anteil am Potential habe, der es mir ermöglicht, in angemessenem Umfang auf die Entwicklung der ganzen Energieform Einfluß zu nehmen.* Wir haben also Grund anzunehmen, daß die Wesenheit namens Steiner der Begründer der ganzen Gruppe (Badewanne) war, und zwar durch klare Absicht, Zielvorstellung und Umsetzung derselben auf allen Ebenen. Durch diese drei Komponenten war er fähig, seine Gruppe zu bilden und in wechselseitigem Austausch der Energien zu geistigen Hochleistungen zu gelangen. Wie kommt man nun in eine solche Gruppe?

Erinnern Sie sich noch an das schöne Gedicht: »Gleich und gleich gesellt sich gern«, und an dessen letzten Satz »Was Du billigst noch so fern, ist nach Tagen oder Wochen Dein, als ob Du's selbst gesprochen«?

Bitte, stellen Sie sich vor, Sie hätten morgen die Prüfung Ihres Lebens zu bestehen, hätten dabei aber die Möglichkeit, eine bestimmte Anzahl von Personen zur Unterstützung, aber auch zur Beruhigung mitzubringen. Wen würden Sie mitnehmen?

Ja, natürlich würden Sie ihren geliebten Freund, ihre Mama, und vielleicht auch ihre äußerst umsichtige Arbeitskollegin mitnehmen. Bestimmt aber auch ein paar Leute, denen Sie gefühlsmäßig nicht so nahestehen, von denen Sie jedoch wissen, daß sie hochqualifiziert sind und für diese Prüfung eine große Hilfe sein werden. Es könnte auch sein, daß Sie einen Ihrer flüchtigen Bekannten nur deswegen mitnehmen, weil er ein portables Telefon hat und im Notfall die gewünschten Informationen aus der Staatsbibliothek einholen kann. Ansonsten hat der Kerl keinen Nutzen und hat demzufolge auch den Mund zu halten. Derjenige, der die Prüfung jedoch zu bestehen hat, sind einzig und alleine Sie. Die anderen erhalten als Entschädigung Erfahrung und die Versicherung, im umgekehrten Bedarfsfall von Ihnen Hilfestellung zu bekommen.

Bei den Hochqualifizierten wird man sich ehrerbietigst bedanken, wohl wissend, daß man ihre Hilfestellung wohl niemals wird vergelten können, es sei denn durch das Erweisen von Dankbarkeit in Form von Wohlverhalten und dem Weitergeben selbst empfangener Hilfestellung. Nach Beendigung der Prüfung wird man das Ergebnis abwarten, bestenfalls wird man sich umarmen, die Hände schütteln und beglückwünschen: Alles ist gut gelaufen, jeder hat seine Bestimmung erfüllt und damit dem Prüfling gedient. Bestenfalls! …

Nun werde ich Ihnen aber beschreiben, wie es in Wirklichkeit aussieht. Und als Beispiel werde ich völlig willkürlich unseren Erwin bemühen. Erwin hat also für seine Prüfung (sein Leben) sich eine hervorragende Crew zusammengestellt, ist auch vorher eingehend über die Aufgaben und den Ablauf des Prüfungstages informiert worden, nur – die Vorbereitung war trotz aller Gründlichkeit eben nur theoretisch. Nun aber muß er in Wirklichkeit (in der Materie) zeigen, wie er mit dem Erlernten umzugehen weiß. Und so ist es auch mit seiner Begleittruppe. Jeder weiß, um was es geht, aber jeder ist eben nur ein Mensch (Prüfungskandidat in spe). Der Telefoninhaber weiß eigentlich ganz genau, daß er nur im Notfall als Informationsbeschaffer zu agieren hat, aber das Schicksal will es, daß er einen heißblütigen Charakter besitzt und ewig dreinredet, außerdem eine schwache Blase hat, was vorher keiner wußte, und ausgerechnet dann die verschwiegenen Örtlichkeiten aufsucht, wenn man ihn am dringendsten braucht. Die Mama, die mit den besten Absichten zur Beruhigung des Prüflings mitgekommen ist, wird angesichts der Nervosität ihres Lieblings selbst so unruhig, daß sie sich zuletzt als eher hinderlich herausstellt. Die

Umsichtige findet zufällig unter einem Schreibpult eine Flasche Cognac, und obwohl sie ganz genau weiß, daß, wenn sie einmal anfängt, der Inhalt der Flasche keine Chance mehr hat, setzt sie sie dennoch an die Lippen, mit der Ausrede, daß es diesmal nur bei diesem einen Schluck bleibt.

Angesichts des Chaos verliert der Hochqualifizierte, der anfänglich aus dem Anleiten und Mahnen gar nicht mehr herauskam, vollends die Geduld und setzt sich beleidigt in eine Ecke, wo er nachsinniert, warum er sich für ein solch unwürdiges Unternehmen überhaupt hergegeben hat. Dies nennt man eine verfehlte Inkarnation!

Sicher sind Sie in der Lage, das Gleichnis umzusetzen, und ich kann nur hoffen, daß Sie in letzterem nicht Ihr eigenes Leben erkannt haben. Nehmen wir uns aber noch einmal den schwergeprüften Erwin heraus und benutzen ihn diesmal für eine Rückführung. Alles klar – Erwin erzählt ausführlich und wahrheitsgemäß über seine Geburt, und über sein Leben als Pferdezüchter in Argentinien, und seine russische Existenz als Höfling, dann aber auch von einer zeitüberschneidenden Inkarnation als französischer Musiker und dann wiederum von einem herzzerreißenden Schicksal als achtfache Mutter. Nun nehmen wir einmal an, wir kennen Erwins höchstpersönliche Lifeline, dann werden wir sehr schnell draufkommen, daß der französische Musiker auf das Konto von Leonard geht, die mit Kindern gesegnete Mutter jedoch mit Frau Meyer-Gerlitz zu tun hat. Alle sind in dem momentanen Ich unseres Erwin enthalten und alle sind im Moment der Fleisch-Werdung über die Schwelle des Vergessens gegangen. Das heißt, sie alle sind sich ihrer Verschiedenartigkeit umsoweniger bewußt, je stärker der »leader of the gang«, der Anführer, in unserem Fall also Erwin, ist.

Nach wem richtet sich nun Erwin? Zuallererst hat er die Möglichkeit, sich nach denjenigen zu richten, deren grundsätzliches Potential sein eigenes übertrifft. Das heißt: Jeder noch so kleine Anteil einer Wesenheit, die das grundsätzliche Erwin-Potential von 112000 übertrifft, kann als »Entwicklungshelfer« angesehen werden, während alle anderen, welche also mit ihren Anteilen unter der eben genannten Zahl liegen, eher untergeordnet sind. Diese Hierarchie kann sich aber schlagartig ändern, wenn der gute Erwin sein in die Materie (Schöpfkelle) eingebrachtes Potential von 86000 nicht voll nützt. Dann kann es entweder verkümmern, oder es wird von jemand anderem, nehmen wir mal an von Erna, übernommen, wenn Erwin Glück hat. Denn zumindest ist Erna aus derselben Badewanne und pflegt also letztendlich die gleiche Absicht wie Erwin. Was aber nicht heißt, daß sie in dieser Inkarnation nun Erwins Aufgaben für ihn lösen wird. Sie wird das abgegebene, von Erwin nicht genutzte Potential aufstocken, und zwar mit Anteilen, die aus ihrem eigenen Potential noch in der Badewanne verblieben sind, und nun versuchen, ihr eigenes Programm durchzuziehen.

Das wäre eine Möglichkeit. Die andere wäre, daß das ungenutzte Potential erkennbar brachliegt, was allgemein im geistigen Bereich erkennbar ist. Sofort wird der ganze Energie-Schutzmantel um den Menschen Erwin herum aus diesem Grund durchlässig, und er wird angreifbar. Eine solche Durchlässigkeit ist übrigens auch durch den Gebrauch von Alkohol und Drogen, aber auch durch konstante Erzeugung negativer Gedanken und Angstgefühle zu erzeugen.

Das brachliegende oder besser, fehlorientierte Material kann in diesem Fall im wahrsten Sinn des Wortes »gehijackt« werden. Ich will dafür kein anderes Wort verwenden, denn keines kommt an den tatsächlichen Vorgang in der Realität näher heran. Noch genauer erklärt, würde es so klingen: Je mehr im Laufe der inkarnativen Entwicklung ein Gruppenpotential entgegen der Absicht der Gruppe verwendet wird, umsomehr verliert es den energetischen Zusammenhalt, was bewirkt, daß Fremdkörper, also gruppenfeindliche Absichtsträger infiltriert werden können.

Vielleicht klingt das für Sie so, als würde ich über das

menschliche Immunsystem sprechen. Und genau so ist es. Wenn Sie unablässig ihre Körperkräfte mißbrauchen, sich falsch ernähren, sich zu wenig Schlaf gönnen und ihren Körperrhythmus mißachten, dann wird Ihr Immunsystem eines Tages nicht mehr funktionieren und es werden Krankheiten auftreten, die den Körper destruktivieren, wie Depressionen, Mykosen, Viruserkrankungen, aber auch Krebs, Aids, ach, im Grunde könnte ich jetzt den ganzen *Pschyrembel* (Klinisches Wörterbuch) herunterbeten.

Die Sprache des Körpers ist die Sprache der Seele. Krankheiten sind materielle Ausdrucksformen disharmonisch benutzter oder mißbrauchter Geist-Energien. Wie oben, so unten, wie im Unsichtbaren, so im Sichtbaren. Auch die Seele hat ein Immunsystem, das zu ruinieren ist. In früheren Zeiten war man mit diesem Fakt vertrauter als heute, wie mir scheint. Nicht, daß ich zurück will in die dunkle Vergangenheit mit ihren Austreibungen. Keinesfalls jedoch kann man diese exorzistischen Rituale als imbezilen Unfug abtun. Denn Besetzungen von Menschen, also Übernahmen von geschwächten Potentialen hat es nachweislich immer gegeben, und sehr oft hat man das Erscheinungsbild als Spaltungsirresein abgetan und mit den bekannten Mitteln versucht zu behandeln. Endstation war zumeist die Irrenanstalt. Ich könnte wegen meiner Behauptungen durchaus leichter angegriffen werden, gäbe es nicht eine, von einer Kapazität vollzogene Demonstration mehrerer solcher Vorgänge, die wir alle kennen. Sie steht im Neuen Testament, und zwar sowohl bei Markus (1,23 – 28) als auch bei Lukas (4, 33-37) und spielt sich ziemlich zu Beginn des Erscheinens einer Persönlichkeit in der Öffentlichkeit ab, die uns wohlbekannt ist: Jesus, der Christus. Schauplatz des Geschehens ist die Stadt Kapernaum in Galiläa (galil ha-gojim – Kreis der Heiden), wo der Nazarener eines Tages in der Synagoge lehrte, was er in einer dermaßen ungewohnten Form tat, daß die Leute ihren Ohren nicht trauten. Waren sie doch bis jetzt das »gestylte« Gerede der Rechtsgelehrten gewohnt gewesen (siehe Vester's Beispiel) und nicht die bodenständige und temperamentvolle Vortragsweise dieses Newcomers. In dieser Synagoge befand sich auch ein »von einem Teufel besessener Mann«, der zunächst einmal eine geistige Glanzleistung vorlegt: er erkennt in Jesus sofort den Sohn Gottes, was ihn aber nicht daran hindert, sich gar fürchterlich aufzuführen und Jesus auf das Unflätigste anzugreifen, was den Superstar der Essener Schule natürlich nicht im geringsten aus der Ruhe bringt. Er gebietet dem unsauberen Geist in dem Unruhestifter mit solcher Macht, daß dieser seine gewaltsam besetzte Gast-Stätte unter Geheul und Körperkontraktionen schließlich verlassen muß. In der Bibel liest sich der Vorgang recht kurz und bündig folgendermaßen: »Und Jesus tadelte den Geist und gebot ihm ›Verstumme und fahre aus diesem Mann.‹« Wenn sich das Ereignis tatsächlich so kurz und bündig abgespielt hätte, dann wäre es allerdings nicht so ganz verständlich, warum anschließend berichtet wird, daß sich die Zuschauer angesichts des Schauspiels lautstark entsetzten und sich untereinander befragten, wer denn das wohl sei, der mit Gewalt den unreinen Geistern gebietet. Fällt Ihnen etwas auf?

Solange Jesus und das Volk sprechen, ist nicht ein einziges Mal die Rede vom Teufel, sondern nur von unsauberen Geistern.

Bei einem weiteren ähnlichen Vorfall (Lukas 9, 38–42), bei dem sich der zerrüttende Besetzer in einem jungen Mann breit gemacht hat, macht Jesus abermals kurzen Prozeß und beendet wiederum nicht gerade sanft, den Übergriff. Übrigens wird das Krankheitsbild vor der Austreibung vom Vater des Betroffenen recht ausführlich geschildert und ist unschwer als primär generalisierter epileptischer Anfall zu erkennen. Wieder spricht niemand vom Teufel, das besorgten nämlich erst viel später die Kommentatoren in Ermangelung von Durch- und Überblick.

Man kann ihnen diesen faux pas auch wahrlich nicht

übelnehmen, denn keiner der Berichterstatter war Psychiater oder Neurologe, und die äußere Darstellung des Krankheitsbildes war, wie man zugeben muß, tatsächlich dazu angetan, den Eindruck entstehen zu lassen, hier müsse der Teufel im Spiel sein. Der bei den Essenern bestens ausgebildete Jesus weiß jedoch auf Anhieb, mit was er es hier zu tun hat und auch, wie dem Übel beizukommen ist. Ich kann es nicht beweisen, bin mir aber absolut sicher, daß der Eindruck der »Gewalt« wohl kaum allein dadurch entstanden sein kann, daß Jesus den Betroffenen nur lautstark mit Worten traktiert hat. Vielmehr glaube ich, daß er den Besetzten in sein hyperpotenziertes Energiefeld gezwungen hat, was für den unkundigen Zuschauer wie ein Ringkampf ausgesehen haben muß.

Immer, wenn Jesus heilte, »berührte« er oder wurde berührt, was er auch sofort registrierte, wenn es unbemerkt geschah. Sein Energiefeld war äußerst sensibel und konnte auch über Mittler wirken, wie die Geschichte der griechischen Mutter, die ebenfalls für ihre besetzte Tochter um Hilfe ansucht, beweist (Markus 7, 24–30), und nicht nur das, er konnte es auch auf andere übertragen, wie zum Beispiel im neunten Kapitel des Lukas-Evangeliums gleich am Anfang nachzulesen ist. Nur bei Lazarus verwendet er ein anderes Mittel, wovon ich aber jetzt noch nicht berichten möchte, weil ich mir nicht in mein eigenes Alterswerk, das mit einer intensiven Auseinandersetzung mit der Bibel zu tun hat, pfuschen möchte.

Können Sie sich, die Sie vielleicht auch Leser meiner früheren Bücher waren, erinnern, mit welcher Vehemenz ich gegen das allzu frei präsentierte Angebot auf den Sektoren Pornographie und Gewalt gewettert habe? Damals wußte ich gar nicht, warum während des Niederschreibens so intensive Zorngefühle in mir hochstiegen. Inzwischen ist mir klar, warum dies geschah. Jeder Konsum dieser mißbrauchten Energie kann zu einer Schwächung Ihres Ich-Potentials führen, und damit zu einer Herabminderung der ganzen Gruppe.

Es gibt Formen der geistigen Zerrüttung, die medizinisch nicht definierbar und auch nicht erkennbar sind, die aber gleichwohl die vorher ausführlich beschriebenen Übernahmen begünstigen. Es gibt gegnerische Gruppen, deren Hauptbeschäftigung und -vergnügen es ist, nach fehlorientierten Potentialen zu suchen und sie zu besetzen. Doch nicht immer ist es das leidige Laster, das diese Instabilität verursacht, sondern genauso häufig ist es die Angst, die zersetzt. *Sei fröhlich – fürchte dich nicht! Sei ohne Angst – liebe!* Ich weiß nicht, wie oft diese Aufforderung in meinen Durchsagen enthalten ist. Und wiederum ist es mir immer verständlicher, warum diese Mitteilung immer und immer wieder an mich durchgegeben wurde.

Ich will mich ja nicht ewig wiederholen, aber es drängt sich förmlich auf, noch einmal auf die allererste Durchsage aus dem Jahr 1971 hinzuweisen, deren vorletzter Satz heißt: *Habe also keine Angst, denn das ist das einzige, was unsere Verbindung stören und sogar unterbrechen kann.* Welche Verbindung? Die zu meinem Schutzgeist? Warum dann immer wir und unsere? Ist Ihnen eigentlich aufgefallen, daß unser Proband Erwin mit nur 86000 Anteilen in der »Inkarnations-Schöpfkelle« vertreten war? Ursprünglich war sein Anteil an der Badewannen-Gemeinschaft doch 112000 Anteile! Wo ist denn also bitte die Differenz von 26000 Anteilen verblieben?

Ganz einfach! Die sind noch immer in der Badewanne. Und zum Glück sind sie dort verblieben, denn eben dieser Restbestand garantiert uns die Verbindung zu unserer »Familie«.

Doch nicht bei allen geht die Rechnung so glatt auf. Wenn wir uns doch noch einmal Leonard ansehen, dann stellen wir fest, daß er einen Teil seines Potentials bei Erwin eingeklinkt hat, einen anderen Teil jedoch schon vor längerer Zeit an Martha Argerich (hervorragende, weltbekannte Pianistin) vergeben hat, und außerdem einen erklecklichen Anteil in Lysethra investiert hat, die zur Zeit Erfahrungen auf einem Planeten namens Marduk sammelt. Außerdem wurde dem Antrag einer befreundeten Badewanne stattgegeben, die im Austausch mit dem sehr begehrten Potential ihres Mitgliedes Sokrates, entsprechende Anteile von Leonard angefordert hat. So mischen sich die Badewannen untereinander, tauschen aus, verbessern das Erfahrungs- und Kombinationsmaterial und werden somit immer stärker und wehrhafter. Wieviele »Badewannen« gibt es denn nun eigentlich? Immer eine mehr als wir zählen können, ist, glaube ich, die passende Antwort.

Wenden wir uns jedoch noch einmal dem Phänomen Gruppenherr zu. Wie wir erfahren haben, ist er der Inhaber der meisten bewußten Energieanteile, und das befähigt ihn natürlich zu einigen Exkursionen, die uns, dem untergeordneten Potential, vorerst noch nicht in diesem Maße zugänglich sind. Er kann nämlich auch Anteile in den Pool einbringen. Was ist der Pool? Der Pool ist ein übergeordnetes Riesenbehältnis, in das jeder hinein will, der sich in einer Badewanne befindet. Warum?

Weil jeder, der Pool-fähig geworden ist, das Privileg besitzt, inkarnieren zu können, aber nicht zu müssen. Es ist mit Sicherheit anzunehmen, daß Steiner poolfähig ist, trotzdem ist er Gruppenherr meiner »Badewanne« gewesen, und ist außerdem auch noch momentan inkarniert, und er allein weiß, in wie vielen Personen. Ein Hauptanteil jedoch, und das weiß nicht nur ich, steckt in einem 13jährigen französischen Kind. Wir haben also innerhalb der nächsten 30 Jahre Hochprozentiges aus dem südlichen Frankreich zu erwarten.

Genauso, wie es eine Hierarchie innerhalb der »Badewannen«, die wir ab sofort nur mehr Gruppen nennen werden, gibt, existiert auch eine hierarchische Ordnung, was die Gruppen unter sich angeht.

Die Gruppen sind energetisch durch eine ganz bestimmte Absichtsrichtung erkennbar abgegrenzt, trotzdem gibt es Überlappungen der verschiedensten Gruppen, die absichtsmäßig miteinander korrelieren.

Die Qualität jeder einzelnen Gruppe resultiert aus den Bemühungen der einzelnen Mitglieder, unbewußtes Potential ins Bewußtsein zu bringen. Das ist gar nichts besonders Aufsehenerregendes. Das tun Sie (hoffentlich) jeden Tag. Es heißt bei uns lernen.

Wir übernehmen bestehende Wissenspotentiale, um sie in der Materie zu verwenden. Je intensiver und zielstrebiger wir mit einem einmal ins Auge gefaßten Potential umgehen, umso größer ist die Chance, daß wir es ein für alle Mal in unser eigenes Potential eingegliedert haben und bei Bedarf jederzeit abrufen können. Beispiel: »Mein Gott, ich hätte nie gedacht, daß ich so leicht Russisch lerne.«

Dies kann nur ein Mensch sagen, der in früheren Inkarnationen sich bereits mit dieser Sprache beschäftigt hat und diese Erinnerung in diesem Leben praktisch nur mehr aufzuleben lassen brauchte. Oder, er hat in seiner persönlichen multimedialen Zusammensetzung (Schöpfkelle) jemanden enthalten, der diese Erinnerung abgespeichert hat, die er nun für die Durchsetzung seines Programms nutzen kann. Behauptet jemand von sich, total sprachunbegabt zu sein, dann sagt er damit nichts anderes, als daß er weder jemanden mitgebracht hat, der in dieser Richtung abgespeichert hat, und daß er selbst auch kein diesbezügliches Erinnerungspotential aufzuweisen hat. Dann bleibt ihm nichts anderes übrig, als zu ochsen, und mühsamer als andere, Erfahrenere, einzuspeichern. Oder – er hat poolfähige Anteile mitgebracht und damit den Generalschlüssel ins Kollektiv.

Das ist ein weiteres Privileg des Pools, daß seine Mitglieder Zugang zum Kollektiv haben, also zum generellen Wissenspotential des Kosmos. Das sind dann die Menschen, die wir als genial bezeichnen: ungeheuerlich kombinationsfähige, sogenannte hochintelligente, jedoch zumeist etwas sehr eigenartig anmutende Personen, die selten in der Lage sind, ihre Möglichkeiten universell zu nutzen, sondern fast immer das sind, was wir so respektlos als »Fachidioten« bezeichnen. Recht oft sind jene Leute unentwegt zerstreut (an ihrer Umwelt nicht interessiert, mit anderen Worten) und emotional nicht unbedingt mit umwerfenden Ausdrucksformen gesegnet. Auf gut Deutsch, es sind die reinen Egozentriker.

Aber es gibt und gab auch andere. Nehmen wir ein Beispiel, einen Menschen, den wir alle kennen: Johann Wolfgang von Goethe, für mich der Inbegriff einer genialen Inkarnation im besten Sinne. Wie war dieser Mensch? Als erstes kann man von ihm sagen, daß er kein Kind von Traurigkeit war, den weltlichen Genüssen zugetan und ein bewundernder Verehrer veredelter Weiblichkeit, ein Anspruch, der ihn nie zum gedankenlosen Konsumenten hat werden lassen. Er machte sich Gedanken, und zwar um jede und bei jeder Beziehung, die er hatte, ein Wesenszug, von dem wir heute noch profitieren, wenn wir an die subtil gezeichneten Frauengestalten seiner Stücke, allen voran das Gretchen, denken.

Als zweites kann man, ohne sich damit einer Diskussion auszusetzen, behaupten, daß die Eltern Goethes keine Geisteskoryphäen waren. Sein Vater, ein Jurist und kaiserlicher Rat, war eher bourgeois gepolt und pedantisch veranlagt, während die Mutter genau so war, wie in seinem Gedicht über die Zusammensetzung seiner Persönlichkeit beschrieben: Vom Mütterchen die Frohnatur, die Lust zu fabulieren...

Er hätte also die Möglichkeit gehabt, ebenfalls als Jurist sein Erdendasein zu verbringen und wohlhabend-dicklich irgendwann das Zeitliche zu segnen. Jedoch – da war seine inkarnative Absicht, die hungrig nach Wissen, Bildung, Sprache, Schönheit und Gefühlen in aller Vielfalt ihres Ausdrucks war. Auf das Signal dieser Schwingung antwortete als erster der Graf Thoranc (nicht Thorane, wie meist falsch angegeben), der ihn ins französische Theater mitnahm und damit eine Leidenschaft nährte, die früher schon beim Puppentheater begonnen hatte. Ich werde jetzt nicht alle aufzählen, die auf das Signal geantwortet haben, oder auf deren Signale er reagierte, aber Herder muß genannt werden, ohne den Goethe vielleicht nie der Gigant geworden wäre, als der er uns heute noch erscheint. »Es kann die Spur von seinen Erdentagen nicht in Äonen untergehn.«

Was macht nun eigentlich das Gigantische an diesem Menschen Goethe aus, was führte zu diesem unauslöschlichen Eindruck, heute noch so existent wie vor hundert, zweihundert Jahren? Nein, nicht seine Theaterstücke. Sie sind nur das Ergebnis. Das wirklich Gigantische war seine universelle Neugier, sein nie abnehmender Drang, sich weiterzubilden, und zwar auf allen Gebieten, und seine Gabe, die Zeichen zu sehen, die richtungsweisend an seinem Lebensweg auftauchten.

Wie sagte die Wesenheit, die sich Steiner nannte: *Du mußt lernen die Zeichen zu erkennen (1.) und richtig zu deuten (2.) sonst haben wir (!) keine Chance.* Schon wieder dieses Wir. Nein, kein pluralis majestatis, auch kein vertrauliches Ich und Du, und schon gar nicht dieses plumpe Wir, das wir aus dem Satz kennen »Na, wie geht es uns denn heute?«

Ich kann es Ihnen leider nicht ersparen, aber Teil 1 der Eintrittskarte in den Pool ist ausschließlich über diese Zwischenstelle Bewußtsein, und zwar ein geschärftes, kombinationsfähiges, kreatives und sozial gefärbtes Bewußtsein, zu erhalten. Also heißt die Devise: Potential füttern, Potential füttern und nochmals Potential füttern.

Der Lohn für die unablässige Mühe heißt dann: Potential austauschen können, und neues Potential beliebig anfordern dürfen. So tut es sich auf, das Tor zum Pool, und nicht anders. Das heißt jetzt aber nicht, daß Sie ab sofort wie ein Wahnsinniger Bildung in sich hineinprügeln, wahllos und unkontrolliert, sondern der Trick besteht darin, Absicht, Programm und Zielvorstellung zu koordinieren. (Stimme aus dem Hintergrund: *Wo bleiben denn die Schutzgeister?* Geduld, Geduld

…) Frage: Wie koordiniert man? Die Voraussetzung für eine erfolgreiche Koordination besteht in einer Klarstellung der Absicht: Was will ich wirklich (wir-kl-ich)? Wer bin ich eigentlich (eigen-tl-ich)?

Dies sind die zwei Fragen, die zuerst geklärt werden müssen. Denn wenn Sie nicht wissen, wer Sie sind und worin Ihre Aufgabe auf dieser Welt besteht, dann haben Sie noch nicht einmal die Chance, in eine besonders hochkarätige (hochbewußte) Gruppe zu kommen oder innerhalb Ihrer Gruppe aufzusteigen, ganz zu schweigen vom Pool. Wie finde ich heraus, was meine Absicht (Absich-t) ist? Indem Sie Ihre Talente klären, ist die Antwort. »Ich bin so untalentiert«, ist oft die Antwort auf diese Aufforderung. Übersetzt heißt das: »Ich bin so unbewußt.«

Jeder Mensch hat Talente. Es muß ja nicht gleich so auffallend sein wie bei Anne-Sophie Mutter oder Reinhold Messner oder Karl Lagerfeld, um mal drei ganz verschiedene Gebiete zu verwenden, die auch noch sehr differenziert in ihrer Darstellung nach außen sind. Frau Mutter braucht eine Geige, Herr Messner einen Berg und Herr Lagerfeld Kleider, um sich und das Talent darzustellen. Völlig in Ordnung, nur, es geht auch anders.

Nehmen wir einmal an, daß schon seit Ihrer Kindheit auffällig war, daß sie Streit sehr schlecht vertragen konnten und ein begabter Schlichter von Unstimmigkeiten waren. Das ist ein Talent, zum Beispiel. Warum, um Gottes willen, sind Sie dann Sekretärin geworden? Nur, weil man Ihnen erzählt hat, daß dies eine gesicherte Existenz sei? Es ist erschütternd zu sehen, wie es die Urängste des Menschen sind, die den Menschen hauptsächlich seine Talente verraten lassen. Urängste wie: Verhungern, Erfrieren, Revierverlust, Geruchsverlust, Schlafstellenverlust.

Revierverlust stellt sich heute als Verlust des sozialen Umfeldes dar, während der Geruchsverlust in Minderung des gesellschaftlichen Ansehens mutiert hat. Schlafstellenverlust ist das Nicht-mehr-bezahlen-können einer repräsentativen Wohnung geworden, nur Verhungern und Erfrieren ist das geblieben, was es immer war: lebensbedrohlich. Deswegen sind Sie heute nicht das, was Sie sein könnten und vor allem, sein sollten.

Wer sagt denn, daß Sie als Eheberater nicht ebenso gesichert leben können wie als Sekretärin? Es gibt staatlich angestellte Eheberater, im Beamtenverhältnis. Aber auf die Idee ist niemand bei Ihnen zu Hause gekommen, als Sie jung und suchend waren, weil niemand aus Ihrem Umfeld weder dieses Talent des Vermittelns selbst besaß, also nicht projizieren konnte, noch es bei Ihnen bewußt erkannt hat. Das war nur ein Beispiel, und dabei soll es auch bleiben, obwohl die Exempelliste ad infinitum fortgeführt werden könnte. Überflüssig, Sie haben sicher verstanden, was ich meine.

Gott schützt die Mutigen, kann ich Ihnen nur sagen, und die, welche unbeirrt ihre Absicht verwirkl-ich-en.

Der Lacherfolg meiner frühen Vorträge war immer eine Wiedergabe der Gespräche zwischen meiner sicherheitsbedürftigen Mutter (mein Gott, Gertele, von was wirst du denn leben, wenn du alt wirst??) und mir, die ich wildentschlossen war (bin), meine Inkarnations-Absicht zu leben. Beide haben recht. Aus ihrer Sicht heraus beurteilt, muß meine Form der Existenz für meine Mutter, deren Absicht von meiner grundverschieden ist, geradezu grauenerregend sein. Sie wollte ein Heim, einen Mann, Sicherheit und das Wissen, wo sie hingehört und woher das Geld am nächsten Ersten kommt. Völlig legitim. Sie teilt diese Absicht mit hunderttausenden von Frauen auf dieser Welt. Und ohne diese Frauen hätten wir längst die größten sozialen Schwierigkeiten, weil der kompakte Zusammenhalt eines Staates eben bis in alle Ewigkeit Amen zuallererst in der funktionierenden Familie zu suchen ist. Wie hieß es in Sozialkunde: Die Familie ist die Keimzelle eines jeden gesunden Staatsgefüges.

Es ist nun nicht so, daß ich nicht in meiner Brust ein leises und mitunter wehes Sehnen nach Heim, Hof und Herd latent verborgen hätte (mach dich nicht lustig, Gertrud), jedoch hat die Intensität meiner Absicht es doch tatsächlich geschafft, diese Gefühle in den Hintergrund zu drängen, zugunsten beinahe männlich anmutender Charaktereigenschaften. In den Augen einer Frau mit der gleichen Absicht wie meine Mutter muß ich entweder eine Fehlkonstruktion, ein Hasardeur oder der Inbegriff einer Erkämpferin einer neuen Form von Frau sein. All dieses bin ich nicht. Ich folge einfach nur meiner inneren Stimme.

Ich möchte kein neues Frauenbild schaffen, noch den Männern die Butter vom Brot kratzen, noch ist meine Lebensform die Folge einer genetischen Fehlleistung. Ich tue einfach nur, was ich für richtig halte. Und damit habe ich schon sehr früh meine Familie zur Verzweiflung gebracht, was mir nachträglich wirklich ausgesprochen leid tut, denn meine Familie besteht aus lauter äußerst netten Leuten, denen man nichts Böses wünschen möchte. Nur, was kann ich dafür, daß diese lieben Menschen ausgerechnet das genetische Grundmaterial anzubieten hatten, dazu noch in haargenau der kosmischen Konstellation, die ich benötigte? Oh, wie klingt das undankbar und gefühllos! Da hat jemand völlig kalkulativ materielles Potential benutzt, um seine Inkarnationsabsicht durchzusetzen. Nur keine Vorwürfe, liebe Leser, denn genau das haben Sie alle auch getan.

Wie spricht der Prophet in Kahlil Gibrans gleichnamigem wunderbaren Werk: »Eure Kinder sind nicht eure Kinder ...«

Wie wär' es denn, wenn wir diesen Satz einmal ein bißchen herumdrehen würden. Dann hieße er nämlich: »Eure Eltern sind nicht eure Eltern ...!« Und schon kollidieren wir mit einem der 10 Gebote: Du sollst Vater und Mutter ehren!!! Das klingt bedrohlich. Denn was tue ich, wenn mein Vater ein übler Schlägertyp ist, der säuft und davon lebt, andere Menschen zu betrügen, oder meine Mutter eine charakterlose Ausbeuterin von Männern ist, stinkfaul und spekulativ?

Nun, Gottseidank hat mir der Herrgott dieses erspart und es mir leicht gemacht, meine Eltern zu lieben, aber nehmen wir doch noch einmal an, es wäre anders, eben so, wie oben beschrieben. Was dann?

Dann liebe und ehre ich meine Eltern eben *nicht*, weil sie es dann eben nicht verdient haben. Auch Kindesliebe, genau wie Elternliebe, muß man sich verdienen. Nichts ist schrecklicher, als diese selbstverständliche Familienliebe, die nach außen hin demonstriert wird, wie eine gekonnte Inszenierung: »Egal, was da komme, wir lieben uns, und weh dem, der uns in die Quere kommt!« Aus solchen Familienverbänden kommen die meisten gestörten Menschen mit depressiven, suizidalen und oft auch sadistischen oder masochistischen Anzeichen. Warum? Es ist gegen die menschliche Natur, etwas zu lieben, was gegen die eigene Absicht wirkt, und das tun 85 Prozent aller Familienmitglieder untereinander.

Man hält den Mund, denn man liebt sich ja ach so tief, und innen drin wuchern die Haßgefühle, das Nicht-Vergessenkönnen, der Neid und die Schadenfreude. Eine wunderbare Basis für Liebe! Liebe Deinen Nächsten wie Dich selbst! So sprach Jesus, der Christus. Er vergaß hinzuzufügen: »Und wenn Du dazu nicht imstande bist, dann meide diesen Nächsten so lange, bis Du reif genug bist, gleich-gültig zu werden.« Und verschone ihn mit Deiner verkrampften verlogenen Liebe. *Das* wäre Nächstenliebe. Und alles andere ist Heuchelei.

Übrigens, zur allgemeinen Beruhigung: Das 4. Gebot lautet: Du sollst das Männliche und Weibliche achten, damit Du in Frieden mit der Polarität leben kannst. Von Vater und Mutter war im direkten Sinn nicht die Rede. Diese Entscheidung gehört nämlich in den freien Willensbereich, von dem wir jetzt ausführlich sprechen werden. (Stimme aus dem Hintergrund: *Wann kommen denn jetzt endlich die Schutzgeister?* Geduld ...) Der freie Wille! Was ist über ihn nicht schon alles geschrieben, philosophiert und behauptet worden. Das höchste Gut des

Menschen – der freie Wille! Und führe uns in der Versuchung ... (Nicht: Und führe uns nicht in Versuchung. Gott hat keinerlei Absicht, uns in Versuchung zu führen.)

Was haben die Versuchung und der freie Wille miteinander zu tun? Der freie Wille hängt immer mit Entscheidungen zusammen. Je weniger geschult ich bin, desto länger dauert die Entscheidung und desto fehlerhafter kann sie sein. Je erfahrener ein Mensch ist, desto weniger wird er sich entscheiden müssen, sondern es wird von Anfang an klar sein, in welche Richtung er zu gehen hat, weil er die übergeordneten Gesetze kennt und den Ablauf im voraus kalkulieren kann.

Ich versuche gerade, Ihnen die Form der Willensausübung verständlich zu machen, die im Pool allgemein üblich ist. Ich bin sicher, Sie haben längst begriffen, daß Wesenheiten, die den Pool bevölkern, der Erkenntnis Gottes näher sind als wir. Sie haben diese Erkenntnis erlangt durch Bewußtsein. Durch dieses Bewußtsein haben sie sich in hohem Maße in den göttlichen Plan integriert und sind somit ein Bestandteil davon geworden. Sie leben im Willen Gottes, weil ihr Bewußtsein sie hat erkennen lassen, daß der »Wille« Gottes quintessentiell ist. Das erspart diesen Wesenheiten, eine Willensform in der Weise zu pflegen, wie wir sie kennen.

Ich werde nie den Aufstand vergessen, den zwei distinguierte Herren einmal in einem Vortrag während einer sogenannten esoterischen Messe machten, als ich sagte: »Engel haben keinen Willen und kein Gefühl.« Bevor ich überhaupt erklären konnte, warum, ziehen sie mich des Unverstandes und verließen laut lamentierend den Saal, als seien sie die beiden Erzengel Gabriel und Michael persönlich. Die wären nicht gegangen. Die Engel *leben* nämlich im Willen Gottes (Dein Wille geschehe!), was ihnen erspart, Gefühle zu haben.

Gefühle sind veränderlich, sie haben mit dem Planeten Mond zu tun, und mit dem Milzchakra, in dem auch die Phantasie, aber auch der Wahn-Sinn, der Irrtum und die Selbstbeschönigung sitzen.

Ich gebe Ihnen ein Trivial-Beispiel, um Ihnen die Zusammenhänge verständlicher zu machen. Stellen Sie sich vor, sie haben auf der Autobahn einen Unfall. Ihr Beifahrer, der auch noch ein lieber Angehöriger ist, liegt schwerverletzt am Boden, und Sie, der Heilkunde nicht mächtig, knien völlig verzweifelt neben dem Regungslosen. Was ist Ihnen lieber? Jemand, der anhält, die Hände über dem Kopf zusammenschlägt, in lautes Jammergeheul ausbricht, den Tag verflucht, der Ihnen dieses Unheil brachte und schließlich in Tränen aufgelöst neben Ihnen niedersinkt, oder würden Sie jemanden vorziehen, der aussteigt, ohne viele Worte den Verletzten in die richtige Lage bringt, ihn zudeckt, einen Krankenwagen organisiert und Ihnen selbst Kaffee aus der Thermosflasche gibt? Dreimal dürfen Sie raten, wer von den beiden es wohl schafft, Ihrem Beifahrer das Leben zu retten. So sieht das aus mit den Gefühlen.

Eine Wesenheit, die im Willen Gottes lebt, braucht keine Gefühle, denn sie lebt inmitten der Erkenntnis. Das heißt nicht, daß sie nicht Anteil nimmt und auch Ihre Situation mit-fühlen kann. Ihr Reifegrad erspart ihr jedoch die Labilität und die Schwankungen und auch die Instabilität, die Gefühle mit sich bringen.

Diese Eigenschaft ist es, die unsere geistigen, schützenden Begleiter zu hochqualifizierten Helfern macht. Wir müssen endlich aufhören, unsere kleingeistigen weltlichen Vorstellungen auf die aufgestiegenen Entitäten zu projizieren. Das ganze Leid auf dieser Erde kommt ausschließlich aus dem Zusammenspiel der beiden Faktoren Willen und Gefühl.

Wille hat immer mit Macht (M – acht, M – 8) zu tun, und es würde sich sehr lohnen, wenn Sie gerade in diesem Moment eine kreative Meditationspause einlegen würden, und über Willen, Macht und die darin enthaltene Zahl Acht nachdenken würden.

Wille ist ein Ausdruck von Polarität: Ich will – ich will

nicht. Positive Entscheidung – negative Entscheidung. Wer weiß es schon.

Die Zeit kann uns lehren, daß eine, einst als positiv empfundene, Entscheidung sich im nachhinein als katastrophaler Fehlgriff herausstellt. Die Kunst der absolut richtigen Entscheidung besteht darin, völlig emotionslos auf der Basis der Erfahrung mit Hilfe von Intuition die Quintessenz der Forderung des Moments zu erkennen und ihr zu entsprechen. Das ist der berühmte Schnittpunkt der Acht, in dem sich die beiden Konträrenergien Positiv–Negativ gegeneinander auflösen.

Sie werden niemals auch nur in die Ahnung dieser Schnittpunkts-Energie kommen, solange Sie noch Ihrem Willen und Ihren Gefühlen ausgeliefert sind.

Wer begriffen hat, daß ein Meister des Ich nur der sein kann, der diese beiden Komponenten in sich auflöst, sie völlig überwindet, der wird auch begriffen haben, daß dies der Weg ist, um sich aus der Kette der Wiedergeburten herauszulösen und aufzusteigen in ein höheres Bewußtsein, das all diese Dinge nicht mehr benötigt, weil es das Ich überwunden hat, was die Voraussetzung ist, um überhaupt in diese Dimension vorzudringen, die ich mit »der Pool« bezeichne. Solange wir in uns noch das Bedürfnis tragen, Eigen-Willigkeit auszuüben und Emotionen auszuleben, solange müssen wir in der Materie eines Besseren belehrt werden, ein Vorgang, der mühsam, schmerzlich und wunderbar ist. Es ist unsere Pflicht, in dieser Erkenntnis jede unserer Inkarnationen zu leben, ihren Auftrag zu erfassen und zum Wohle der Gemeinschaft umzusetzen.

Solange wir unsere Inkarnationen als Ego-Trip, als grandiose Selbst-Darstellungsorgie vertun, solange sind wir für unsere Gruppe ein Hemmschuh, eine Belastung und ein Minderungsfaktor der hohen Absicht, die der Schlüssel ist, der uns die Welt des göttlichen Willens eröffnet. »Zu uns komme Dein Reich, Dein Wille geschehe, im Himmel, wie auf Erden.« Wir sollten dieses Gebet immer bewußter sprechen, denn es enthält alle Informationen, die wir benötigen, um uns aus dem Kreis des Nicht-Loslassenkönnens herauszulösen. Neben der Bergpredigt ist es das größte in Worte gekleidete Geschenk, das uns Jesus, der Christus, hinterlassen hat.

Wir sind nun an einem Punkt angelangt, wo wir uns fragen dürfen, was sich über der Welt des »Pools« abspielt. Wohin gelangt eine Wesenheit, die so weit entwikkelt ist, daß sie noch weiter aufsteigen kann? Im Hause meines Vaters sind viele Wohnungen ... Ich werde mir keinesfalls anmaßen, Ihnen zu erklären, was sich im reinen göttlichen Bereich abspielt. Zwischen dem, was wir Menschen sind, und dem, was sich in dieser Dimension abspielt, ist ein so gewaltiger Unterschied, daß ein Menschenhirn es nicht fassen kann. Keiner, der nicht freiwillig hier auf dieser Erde seine Reifung durchlebt, hat auch nur eine Ahnung davon, wie sich diese Form des göttlichen Bewußtseins darstellt.

Und da es allzu offenkundig ist, daß ich selbst jemand bin, der wohl kaum die Wahl hatte, was den Aufenthalt auf diesem Planeten betrifft, deswegen werde ich mich begnügen, von dem zu berichten, was einem Inkarnationspflichtigen zugänglich und nützlich sein kann.

DIE KABBALAH –
WIRR-WARR
ODER
KOSMISCHE
UNIVERSALPHILOSOPHIE ?

Warum, kann ich heute nicht einmal mehr genau sagen, aber nach ungefähr zehn Jahren sogenannter esoterischer Studien war mir klar, daß ein Weiterkommen ohne ein Verständnis der Kabbalah nicht möglich war.

So ging ich also in die einschlägigen Buchhandlungen und versorgte mich mit diesbezüglichem Buchmaterial. Ich war damals noch nicht dreißig Jahre alt und kannte die Kabbalah nur vom Hörensagen. Ich setzte mich also über meine neuerworbene Bibliothek, unter der sich Werke des Golden Dawn, der berühmte Papus, der Sohar, die Kabbala Denudata von Rosenroth und auch ein soeben erschienenes Buch in englischer Sprache *Way of the Kabbalah* befanden. Ich las sie alle. Eingehend und mit dem zähen Willen, durchzuhalten und zu verstehen. Als ich fertig war, hatte ich ein umfangreiches theoretisches Wissen, kannte sämtliche Welten unter sämtlichen hebräischen Namen samt aller Gottheiten, beherrschte die Gematria, die Kunst der Zahlen und Buchstaben, von hinten und von vorne, konnte das Diagramm des *Baum des Lebens*, das graphische Symbol dieses metaphysischen Systems, im Schlaf zeichnen und war letztendlich so klug als wie zuvor.

Zusammengefaßt bot sich mir ein solch unterschiedlicher und unbeschreiblicher Wirr-Warr, mit gegensätzlichen und unvereinbaren Behauptungen, Anweisungen und Diktionen, daß ich zu dem Schluß kam, daß ich mich wohl selber auf die Suche machen mußte, um meine eigene, ganz individuelle Kabbalah zu erfahren, um dann, viel später, das Gelesene vielleicht einmal wirklich zu verstehen.

Ich suchte und suchte und erfuhr nichts.

So fing ich an, um einen Lehrer zu beten. Und siehe da, es dauerte nur sieben Jahre und schon hatte ich ihn. Er lehrte mich die Kabbalah aus jüdischer Sicht, seiner eigenen Religion gemäß, was mitunter zu temperamentvollen Diskussionen führte, da ich der Ansicht war und bin, daß die Kabbalah zwar von den Juden hermetisch bewahrt worden war, daß sie aber in dieser Bemühung bei weitem nicht die einzigen gewesen waren. Da gab es noch die Rosenkreuzer, den Orden des Golden Dawn, die Freimaurer (die echten meine ich, nicht diese Wirtschafts-Clubs, die sich Freimaurer nennen) und noch einige magische Zirkel, deren Namen ich nicht zu nennen befugt bin. Das hörte mein Lehrer gar nicht gern, denn er behauptete, daß Gott diese Lehre höchstpersönlich dem Moses übergeben hätte, und zwar auf dem Berge Sinai. Darüber gerieten wir uns regelmäßig in die Haare, weil ich ein respektloser Beweisforderer bin, und auch eine weitere Behauptung, Gott hätte diese Lehre direkt an seine Engel gegeben, die sie an uns weitergeleitet haben, konnte mich nicht wirklich befriedigen. Schließlich einigten wir uns, daß die Kabbalah eine Religionsphilosophie mit universellem Charakter sein könnte.

Damit streifte mich zum ersten Mal der Hauch kabbalistischer Denkfreiheit. Ich war zwar willens und bereit, alles anzuhören, und drückte auch stündlich meine Dankbarkeit aus, aber immer unter der Prämisse, das Erlernte völlig individuell interpretieren zu dürfen.

Nach weiteren sieben Jahren gestanden wir uns gegenseitig zu, voneinander viel gelernt zu haben, wobei ich zugeben muß, daß mein Lehrer ein ausgesprochen höflicher Mann war.

Mein theoretisches Wissen, aber auch meine ganz individuellen Erfahrungen mit der Kabbalah haben manchmal zu eigenwilligen Thesen geführt, von denen ich keinesfalls verlange, daß Sie sie übernehmen. Darüber nachdenken – ja! Fraglos konsumieren – nein!!! Das sollte übrigens für die gesamte sogenannte esoterische Literatur gelten. Die eigenwilligste Änderung bezieht sich auf die Gematria, die Buchstaben- und Zahlenmystik der Kabbalah, die so, wie sich das manche vorstellen, wohl nicht ganz funktionieren kann.

Heute wage ich zu behaupten, daß ein wirkliches Verständnis dessen, den wir Gott nennen und seines Schöpfungsplanes sowie der Struktur des Mikro- wie des Makrokosmos ohne die Kabbalah nicht möglich ist. Genauso bin ich jedoch der Ansicht, daß ohne naturwissenschaftliche Studien wiederum eine wirkliche Umsetzung der Kabbalah nicht möglich ist. Wer das Glück hatte, das grandiose Buch *Die Quantengötter* von Jeff Love zu ergattern, bevor der Rowohlt-Verlag es als »weniger gut verkäuflich« von der Liste strich (so verschwinden Jahrhundertwerke im Keller), der wird genau verstehen, was ich meine.

Ich will ja nicht schon wieder in sämtliche Fettnäpfchen treten, aber es muß doch einmal gesagt werden, daß auch die uralte, ehrwürdige Kabbalah einer geistigen Evolution unterworfen ist – bei aller Liebe und aller Wahrung von Tradition. Manche Leute vergessen, daß dieses System wie ein lebendiges atmendes, pulsierendes Wesen ist, das in sich tausend Formen der Darstellung verborgen hat. Ewiges Festhalten an einer jahrtausendealten Darstellung zwängt dieses mutierende Zaubergefüge in ein Korsett, das es weder verträgt, noch verdient hat. Aus diesem Grunde – lesen Sie bitte keines der am Anfang des Kapitels angegebenen Bücher, sondern holen Sie sich das wirklich begriffene Werk von Will Parfitt *Die persönliche Kabbalah,* oder Katja Wolff's witzige und gescheite Aufschlüsselung *Der Kabbalistische Baum*.

Und wenn Sie das alles gelesen haben, dann quälen Sie den Rowohlt-Verlag so lange, bis er sich entschließt, *Die Quantengötter* wieder aufzulegen, denn (Entschuldigung die Herren Gershom, Halevi, Franck und Papus) dieses Buch ist tatsächlich imstande, alle anderen zu ersetzen. Ich höre den Entsetzensschrei der Kabbalisten wohl, jedoch glaube ich, daß das Lesen und immer wieder Lesen und Nachbabbeln des unverständlichen, zum Teil mit Absicht »vergeheimnißten« Zeugs, die Expansion dieser Philosophie seit langem behindert hat.

Je älter ich werde, desto weniger Zeit habe ich, um sie mit nutzlosen Diskussionen zu vertun. Deswegen sage ich es auch gleich klar und deutlich: Ich akzeptiere nur wenige Bücher über die Gematria. Zu diesen wenigen gehören Ernst Bindels *Geistige Grundlagen der Zahlen* und Hermann Kisseners *Lebenszahlen*. Viel Freude habe ich auch an der symbolpsychologischen Geburtsdatenanalyse von Dr. Hans Endres und Udo Bender gehabt. Hinter all diesen Büchern verbergen sich lebhafte universell denkende Geister, die zwar alle die handwerkliche Basis der traditionellen Kabbalah benützen, aber sich dann entschlossen, weiterzudenken, was ich persönlich außerordentlich schätze. Wer außerdem glaubt, in der Gematria ausschließlich mit Hilfe der hebräischen Zahlenliste und des Baums des Lebens herumpfuschen zu können, dem muß ich leider die bittere Wahrheit weitergeben, daß es ohne Geometrie und Arithmetik nicht geht. »Z'erscht lernscht dei Handwerk, und nachat kannscht intuitiv sein«, könnte man den berühmten Satz meiner Erzieherin in diesem Bedarfsfall ummodeln.

Also bitte, sollten Sie sich jemals entschließen, ernsthaft mit der Kabbalah und ihrem Teilgebiet Numerologie umzugehen, dann besorgen Sie sich die erwähnten Bücher, beten Sie um einen Lehrer und unterlassen Sie es vor allem, diese Lehren nur zum Herumspielen mit den Daten irgendwelcher Liebhaber zu mißbrauchen. Vergessen Sie nie: die Kabbalah ist ein lebendiges Wesen und nimmt derlei Mißbrauch sehr übel. Soviel zu der Magie der Kabbalah, für den Kenner vollendet dargestellt übrigens in dem Film *Fanny und Alexander*. Die Kundigen werden genau wissen, was ich meine. Doch, »z'erscht lernscht ...« Ich verspreche Ihnen eines: Wenn Sie heute ganz ernsthaft mit diesem Wissensgebiet anfangen, dann werden Sie in 20 Jahren unglaublich viel Freude an Bardon's normalerweise unverständlichem Werk *Die Praxis der magischen Evokation* haben.

Wo die Schutzgeister bleiben? Die Kabbalah bietet Wege der geistigen Erfassung des Geheimnisses der Schutzgeister wie kein anderes System dieser Welt. Alle Wege führen nach Rom, die Namen der Hauptstraßen sind und bleiben Kabbalah und Meditation, und zwar die von mir bevorzugte kreative Meditation.

Befürchten Sie nun nicht, daß ich Sie mit mathematischer Akribie und quantenphysikalischen Formeln maltraitieren werde. Ich habe nicht vergessen, wie schwer mein eigener Anfang war. So lange ist das nun auch nicht her ... Da es mir vor allem um Ihr bewußtes Wahrnehmen Ihres Ich und Ihres Selbst geht, aus dem sich dann ein ganz natürliches Verständnis Ihres sogenannten Schutzgeistes ergibt, werde ich mich voll und ganz auf diese Thematik konzentrieren und überlasse es dann Ihnen, wie weit Sie sich weiter spezialisieren wollen, mit oder ohne Kabbalah. Da dieses Buch auch nicht dazu gedacht ist, die Kabbalah an und für sich zu erklären (ich bräuchte acht Bände oder einen einzigen Super-Band, um das zu schaffen), sondern nur einige darstellerische Hilfsmittel verwendet, um Ihnen das Verständnis zu erleichtern, sind Sie auch sicher vor allzu gutgemeinten kabbalistischen Höhenflügen.

Sprechen wir also zunächst von Gott und der Welt, oder besser, von den vier Welten, die ich bis jetzt erwähnt habe. Die unterste dieser vier Welten (IV) war die Welt der Materie, die sich der inkarnierte Mensch im Auftrag Gottes untertan machen sollte. Die nächste Welt (III) war die Welt der zum Teil inkarnierten, fleischgewordenen Geistwesen, welche sich durch die Konfrontation mit der Materie weiterbilden und prüfen sollen.

Die darüberliegende Welt (II) ist die Welt der aufgestiegenen Geister, die zu ihrer Reifung und Weiterentwicklung die Materie, wie sie in den ersten zwei Welten beschrieben ist, nicht mehr direkt benötigen, jedoch indirekt durch sie wirken.

Die höchste und letzte Welt (I) ist die göttliche und für den Menschengeist nicht erfaßbare Welt, die man im Gegensatz zu Badewanne und Pool als Ozean bezeichnen könnte. Aus dieser Welt kommt alles, sie enthält alles und alles wird in sie zurückkehren zur rechten Zeit.

Welches ist nun die Welt der Schutzgeister? Schutzgeister sind, was die persönlichen Protektoren betrifft, in der zweiten und dritten Welt zu suchen.

Wir haben vorher erfahren, daß es zwischen der zweiten und dritten Welt fließende Übergänge gibt. Es gibt inkarnierte Wesenheiten, die trotz ihrer materiellen Darstellung auf dieser Erde, in hohem Maße Anteile dieser II. Welt in sich tragen. Dadurch sind sie zuweilen befähigt, außergewöhnliche Dinge zu vollbringen, wie zum Beispiel Heilungen und Materialisationen von Gegenständen. Auch die Bilokation und präkognitive Mitteilungen prophetischen Inhalts gehören zu den Ausdrucksformen dieser Inkarnationen, die von uns noch nicht so weit Entwickelten als Halbgötter angesehen werden.

Diese Menschen können durchaus Schutzengel-Charakter haben. Wenn ich allein daran denke, wieviele Menschen mir von einer Wandlung ihres Lebens durch Sai Baba oder Daskalos berichtet haben, dann kann man ruhig annehmen, daß sich unsere Schutzgeister nicht nur in der unsichtbaren Dimension bewegen, sondern durchaus auch die Möglichkeiten einer solchen Darstellung wahrnehmen.

Daskalos, der cypriotische Lehrer und Heiler, behauptet von sich selbst, Gott zu sein, und ich sehe in diesem Ausspruch nichts Blasphemisches, denn der Ausspruch Jesu: »Ich und der Vater sind eins«, trifft genauso auf Daskalos und Sai Baba zu, wie auf Sie selbst. Ohne den Göttlichen Funken in uns könnten wir gar nicht existieren. Der einzige Unterschied zwischen den aufgestiegenen Geistern und uns, den noch nicht so weit Entwickelten, ist, daß wir diesen Göttlichen Funken noch nicht vollständig in unser Bewußtsein aufgenommen haben und noch nicht in der Lage sind, ihn, in welcher Form auch immer, umzusetzen.

Wie kommen nun Schutzgeister zustande und wie sind Sie ausgerechnet zu dem Schutzgeist gekommen, der Sie begleitet? Ich möchte Ihnen das Verständnis des Mysteriums wieder mit einer Geschichte erleichtern, die aus meinem Alltag stammt, meinem Vortragsalltag nämlich: Es war bei einem Abend in Hamburg, an dem ich schon mindestens eine Stunde gesprochen hatte, als sich eine Stimme im Publikum erhob und gereizt tönte: »Wann reden wir denn jetzt endlich von Schutzgeistern?« Ich kenne diese Fragen und diese Stimmen von Anbeginn meiner Vortragsarbeit und bin davon auch nicht mehr aus der Ruhe zu bringen. Ich sagte also ruhig, daß ich bereits seit ungefähr einer Stunde von nichts anderem spräche. Die Dame war überhaupt nicht der Ansicht, nein, meinte sie, ich hätte von Körper, Geist und Seele, von positivem Denken, von Krankheit und Berufswahl, aber nicht von Schutzengeln gesprochen.

In der berühmten 14. Reihe erhob sich mein Lehrer Anthony Kinsella, schritt auf die Bühne zu, erklomm sie trotz seiner Leibesfülle mit erstaunlicher Behendigkeit, lächelte freundlich, und sagte den unvergeßlichen Satz: »You must know, you are as good as your guardian angel, and your guardian angel is as good as you are. That's what Miss McLean is talking about since more than one hour.« (Sie müssen wissen, Ihr Schutzengel ist so gut wie Sie selbst, und Sie sind so gut wie Ihr Schutzengel. Und genau davon spricht Frau McLean nun seit mehr als einer Stunde.)

Dieser Satz hat die bemerkenswerte Eigenschaft, daß er sich in seiner Wirkung dem Reifegrad des Zuhörers anpaßt. Manche Leute verstehen absolut gar nichts, nach dem Motto: »Ich allein bin schon unfähig genug. Was hilft mir da jemand, der genau so unfähig ist wie ich?« Mir selbst war, als hätte jemand mit einem Vorschlaghammer auf eine bis dahin hartnäckige Verschalung meines Bewußtseins geschlagen, und ich verstand in der selben Minute: Mein Schutzgeist ist die energetische, geistige Entsprechung des edelsten Anteils meiner multidimensionalen Zusammensetzung. Je mehr ich in der Lage bin, meine edelsten, gütigsten und reinsten Bestrebungen zu aktivieren, in desto höhere Schwingungen gelange ich, die mir wiederum ermöglichen, die Schwingungen der geistigen Entsprechung meines Höheren Ich wahrzunehmen.

In der nun fast schon obligatorisch gewordenen Trivialdarstellung stellt sich das etwa folgendermaßen dar: Stellen Sie sich vor, Sie können schon ganz nett Klavier spielen, möchten Ihr Können aber noch vervollkommnen, weil in Ihnen der Traum vom Dasein eines bühnenreifen Pianisten schlummert. Durch einen grandiosen Zufall erhalten Sie die Möglichkeit, bei einem Meister seines Fachs Unterricht zu bekommen, bei Herrn Gelber zum Beispiel. Bruno L. Gelber halte ich für einen der subtilsten und auch technisch bemerkenswertesten Pianisten unserer Zeit, und nun wollen wir einmal annehmen, daß er auch ein ganz hervorragender Lehrer ist.

Die erste Klavierstunde naht, Sie nehmen neben dem Maestro Platz am Klavier, und er fordert Sie auf, etwas zu spielen, von dem Sie selbst glauben, daß Sie es sehr gut können, Ihr Glanzstück sozusagen. Sie wählen die Beethoven-Sonate *Nr. 2, Op. 49, das Allegro, ma non troppo,* und spielen es, so gut Sie eben können.

Herrn Gelber stehen die dunklen Haare zu Berge beim Anhören Ihrer Darbietung, aber weder wird er Ihnen das sagen, noch wird er Ihnen gleich erzählen, wie fabelhaft er selbst dieses Stück beherrscht. Sondern er wird dank seiner Erfahrung, seines Beurteilungsvermögens und auch seines eigenen Könnens, Ihren Reifegrad nach spätestens zwei Minuten richtig einschätzen und dann an diesem oder einem Ihrem Können angemessenerem Stück Takt für Takt sich vorarbeiten, Ihnen auch entsprechende Fingerübungen anempfehlen, die vielleicht nicht er selbst, sondern einer seiner fortgeschrittenen Schüler beaufsichtigen wird, und ab und zu wird man Sie auch alleine lassen, weil man Sie in Sicherheit im Übungsraum, wohlversorgt mit Anweisungen weiß.

Unbemerkt hat sich durch die Nebentüre ein ungebetener Zuhörer eingeschlichen, der Ihnen eine Weile zuhört und irgendwann, genauso unbemerkt wie er gekommen ist, den Raum wieder verläßt. Er weiß nicht, welch großer Meister Ihr Lehrer ist, denn er hat ja nur das gehört, was Sie in dieser kurzen Zeit geübt haben. Er hat also nur die Möglichkeit, von Ihrem Können auf Ihren Lehrer zu schließen und, soweit er selbst des Klavierspielens mächtig ist, Ihr Können zu beurteilen.

Er weiß nicht, wie hinreißend und meisterhaft Herr Gelber Beethoven interpretiert, denn er hat ja nur Sie gehört, und wenn Sie nun ein miserabler, taktunsicherer und ausdrucksloser Klavierspieler sind, dann könnte es passieren, daß der unbemerkte Besucher den Eindruck bekommen hat, daß Ihr Lehrer auch nicht gerade eine Bereicherung der Carnegie Hall ist, weil er von Ihrem Können natürlich auf die Fähigkeiten Ihres Lehrers schließt.

Verstehen Sie, was ich meine? Herr Gelber kann so genial sein, wie er will. Er kann Ihnen sein Können nur so weit vermitteln, wie Sie es imstande sind aufzunehmen und umzusetzen. Wenn Sie überhaupt nicht nachvollziehen können, was er Ihnen anbietet, dann kann man wahrlich nicht Herrn Gelber die Schuld geben, sondern dann liegt es schon an Ihrer Unfähigkeit, zuzuhören, vielleicht auch daran, daß Sie sich gerne vor den Übungsstunden drücken oder ganz einfach die gegebenen Aufgaben nicht erfüllen, lieber ein bißchen *On the sunny side of the street* spielen, statt langweiliger, aber nutzvoller Tonleitern und Triolen.

Also: Ihr Lehrer kann sein Talent und Können nur soweit über Sie selbst zum Ausdruck bringen, wie Ihre eigenen Fähigkeiten reichen. Bilden Sie sich auch ja nicht ein, daß Herr Gelber auch nur eine einzige weitere Stunde mit Ihnen verplempern wird, wenn er merkt, daß Ihr Können kilometerweit von seinem eigenen entfernt ist. Er wird Sie weiterempfehlen an irgendjemanden, der genau Ihrem Können entspricht und wird, wenn er weiterhin so freundlich wie bisher ist, ab und zu nachfragen, wie denn die Fortschritte so sind.

Und nun wollen wir uns den ganzen Vorgang einmal in

der geistigen Welt ansehen, und zu diesem Zweck werden wir noch einmal unseren alten Bekannten, den inzwischen längst inkarnierten Erwin bemühen. Erwin kommt, und das wollen wir einmal annehmen, aus der Gruppe Dr. Steiner, in der sich insgesamt soeben 318 Persönlichkeiten, bestehend aus ... 167.298.345.647.165.435 ... (schätzungsweise) Einzelteilen befinden. (Wer kann schon Elektronen zählen??) Jedes dieser Einzelteile hat eine Absicht, ein Ziel und demzufolge eine ganz charakteristische spezifische Abstrahlung. Diese Abstrahlung bewirkt ein energetisches Umfeld dieses Einzelteils, das ebenso individuell ist, wie es selbst. Die Färbung des Umfeldes dieses Einzelteils kommt zustande durch Informationsannahme oder Ablehnung (Was du billigst noch so fern ...), also durch die (frei-) willentliche Akzeptation von äußerlichen Einflüssen.

Die Qualität des Teils ist also für jedes andere Teil weithin erkennbar eben durch diese Färbung, die untereinander als Schwingung wahrgenommen wird, aber durchaus auch als das, was wir als Farbe bezeichnen. Bitte, bedenken Sie in diesem Zusammenhang, daß die Farbwahrnehmung unserer menschlichen Augen äußerst mangelhaft ist. Wir nehmen nur einen Bruchteil der wahrhaft existierenden Farben wahr. Stellen Sie sich deswegen bitte diese durch Schwingung der Teilchen zustandekommenden Farbnuancen nicht mit dem uns bekannten Kolorit vor, sondern vielmehr fast wie einen Ton, einen Klang, den man als Erkennungston bezeichnen könnte. (Erinnern Sie sich bitte, daß in Wagners »Ring der Nibelungen« jede Figur eine Erkennungmelodie hat.)

Dieser Klang hat eine ganz bestimmte Anziehungskraft. Je mehr das Teilchen es schafft, zu integrieren, bewußt zu werden, zu beurteilen und erfahrungsmächtig zu werden, umso stärker wird es und umsomehr Teilchen kann es anziehen, um sie mit seiner »Ladung« zu färben. Ein ewiger Kreislauf. Schließen sich Teilchen zusammen, so behalten sie zwar ihre Individualfärbung, ihren Klang, gleichzeitig aber erzeugt jeder Zusammenschluß einen Kollektivklang, dessen Klangfärbung aber immer am meisten dem Absichts-Anführer ähneln wird. Irgendwann, wenn sich die der Absicht angeschlossenen Teilchen bereits stark mit dem »Anführer« identifiziert haben, gehen sie dann in seinem Klang auf (Wo zwei oder drei in meinem Namen versammelt sind, da bin ich mitten unter ihnen, sagte Jesus) und übernehmen damit auch seine Energie, ohne jedoch ihre Individualität zu verlieren.

Das Energiefeld um jede Gruppe wird also hauptsächlich von demjenigen gefärbt, welcher der sogenannte Supremus, der »Älteste«, der Anführer des Zusammenschlusses ist. Dieser »Oberste« kann in seiner Position abgelöst werden von jedem, der es schafft, die ganze Gruppe mit einer anderen Absicht zu färben. Das kann gut, aber auch gefährlich sein. Wie oben, so unten, wie im Unsichtbaren, so im Sichtbaren. Wir haben so ein Vorkommnis zum Teil am eigenen Leib erfahren, zum Teil davon aus den Geschichtsbüchern gehört: Hitler. Was Du billigst noch so fern ... gleich und gleich ...!

Manchmal genügt ein fehlgeleiteter Irrer, um eine ganze Formation in das Abseits zu bringen. Mit dem sogenannten Engelssturz ging es kaum anders vor sich. Da hat auch jemand versucht, eine Riesenformation zu überreden und zu übernehmen. Und, weiß Gott, es ist ihm geglückt mit verheerenden Folgen, bis zum heutigen Tag. Wobei ich durchaus nicht sagen will, daß Lucifer, der Lichtträger, ein Irrer war. Er hat etwas Wahnwitziges versucht, und er hat verloren, der Rebell. Ich werde versuchen, Ihnen in diesem Buch die Anfänge des Verstehens zu geben und bin mir sicher, daß Sie, wenn Sie beharrlich die kreative Meditation betreiben, von selber herausfinden werden, was denn das »Verbrechen« Lucifers war. Wiederum will ich keinesfalls behaupten, daß ich an den Kern des Geheimnisses gestoßen bin, aber eines kann ich klar sagen: Das Bild, das man uns jahrhundertelang von Lucifer zu vermitteln versuchte, könnte falscher nicht sein. Er ist kein stinkender Teufel, kein schleimiger abartiger Bock, kein übelriechender, menschenquälender Dämon. Er ist der ewige Rebell, ewiger Herausforderer und damit natürlich ewiger Versucher. Aus dem Chaos kommt die Ordnung, auf die Ordnung folgt gesetzesgemäß das Chaos, das dann wieder der Ordnung zu weichen hat. Lucifer ist der Herr des Chaos. Wenn Sie wollen, können Sie Christus die andere Rolle zuweisen. Was bleibt, ist die Polarität. Wer diesen Ablauf begriffen hat, hat sich selbst eine Basis für ein wirklich reifes religiöses Denken gelegt. Ohne Angst und Zähneklappern, und vor allem ohne Bigotterie und Abhängigkeit. Auch das ist Freiheit. Doch zurück zu unseren Schutzgeistern.

Jeder Gruppen-Anführer ist also beladen mit einem hohen Maß an Verantwortung und der Pflicht, selbst weiter zu expandieren. Durch die Energie seiner Gruppe hat er die Fähigkeit, seine Eigenenergie zu potenzieren und damit in Bereiche vorzudringen, die über dem Potential der eigenen Gruppe liegen. Er kann also Informationen von den »Oberen Zehntausend« bekommen, die er dann zum Wohle seiner Gruppe zu verwenden hat.

Wird er selbst durch eine Fremdenergie irregeführt, und »verzettelt« seine Absicht (Energie), so kann seine Position von jedem übernommen werden, der mit der Absicht der Gruppe übereinstimmt und in seiner Eigenformation die Energie der Gruppe übertrifft, also in gewisser Weise Vorbildfunktion übernehmen kann. Wahrscheinlich wird jemand aus der eigenen Gruppe nachrücken, oder eine »befreundete« Gruppe wird übernehmen, hilfreich einspringen.

Zieht ein Gruppenherr seine Energie so weit ab, daß er als Informationsgeber für seine Gruppe nicht mehr maßgeblich sein kann, wird er ebenfalls abgelöst. Dies könnte auch sein eigener Entschluß sein, wenn er zum Beispiel so weit gereift ist, daß er mit einem hohen Anteil sich in der vorher erwähnten zweiten Welt manifestiert, die wir ab sofort mit dem Wort »Briah« bezeichnen werden. Dieses

Wort Briah steht für das empfangende Prinzip. (Dein Wille geschehe ...)

Wenn eine Wesenheit bis in Briah aufgestiegen ist, kann sie noch immer Anteile in einer Gruppe der dritten Welt haben und kann durch diese wiederum Anteile von der zweiten in die vierte Welt schicken, also inkarnieren. Dieses hat wahrscheinlich Rudolf Steiner getan. Durch seinen Anteil in Briah hat er aber nun ganz andere Möglichkeiten in der Materie als jemand, der ausschließlich aus der Energie der III. Welt heraus inkarniert. Diese III. Welt nennen wir ab sofort nur mehr Jetzirah. Sie repräsentiert das formende Prinzip.

Deswegen liegt so viel Hoffnung auf diesem französischen Kind, das im Heranwachsen ist, geistig wie körperlich. Dieser Mensch wird neue Impulse geben können, richtungsweisend sein auf den Gebieten, wo er schon in früheren Inkarnationen Erfahrung gesammelt hat: Philosophie, Theologie, Theaterwissenschaften, Pädagogik, die Liste könnte endlos weitergehen, denn Rudolf Steiner war universell gebildet und nicht nur das, er hatte Zugang zum Kollektiv. Was ist das Kollektiv? Das Kollektiv besteht aus allen bewußt und unbewußt erzeugten Energieformen. Die Erfahrungen dieser Formen sind insgesamt abgespeichert in der Welt Briah, aber auch das Wissen und die Erfahrungen, die mehr oder (leider meistens) weniger in jedem von uns enthalten sind. Bitte, stellen Sie sich keinen riesigen Bildungsapparat vor, amo, amas, amat, $a^2 + b^2 = c^2$, Gyri occipitales, je vous aime, madame oder Allegro con brio, sondern wiederum ist das Kollektiv bestehend aus Millionen von Klangformationen, die über Eigenklangerzeugung abrufbar sind. Das heißt, Ihre eigene Qualität, Basis, ist es, die bestimmt, wie weit Ihnen das Kollektiv zugänglich ist und wieviel Sie herausholen können. Es gibt bewußte und unbewußte Formen des Kollektivs. Das unbewußte Kollektiv findet seine Darstellung in der erstarrten materiellen Form, es ist träge, unbeweglich und in sich gefangen. Hier sind wir wieder bei der vierten Welt angekommen, die wir ab sofort nur mehr mit Assiah bezeichnen wollen. Sie repräsentiert das materielle Prinzip.

Im krassen Gegensatz dazu steht das völlig bewußte und damit schöpfungsmächtige Kollektiv, das seinen Sitz in der ersten, der göttlichen Welt hat, die wir nur mehr Atziluth nennen. Sie repräsentiert das schöpferische Prinzip. Dazwischen befindet sich also das geistig-empfangende Kollektiv der zweiten (Briah-) Welt sowie das geistig-formende Kollektiv der dritten (Jetzirah-) Welt.

Die Geistenergie der dritten Welt ist also diejenige, die durch Inkarnation direkt auf die Form einwirken kann, dadurch ihre Erfahrung sammelt und sie ans Kollektiv weitergibt, wo sie so verarbeitet wird, daß sie in der zweiten Welt, im Akasha, abgespeichert werden kann. Ein Teil des Briah-Kollektivs ist also die berühmte Akasha-Chronik, die alles enthält, was bereits geschehen ist. Durch die Geistenergie aber ist diese Welt fähig, futurelle Kombinationen, basierend auf den bereits gemachten Erfahrungen, zu tätigen. Hier liegt das Geheimnis der seriösen »Hell-seher« verborgen, über die wir später auch noch sprechen werden.

Doch vorerst möchte ich Ihnen noch sagen, wie es sich mit der Zugehörigkeit unserer vier Elemente, Feuer, Wasser, Luft und Erde zu den vier Welten nach der Lehre der Kabbalah verhält. Die oberste Welt, die Schöpfungswelt Atziluth, trägt in sich die Energie des Feuers und wird symbolisiert durch den hebräischen Buchstaben Yod, der selbst wie ein Flämmchen aussieht. Die zweite Welt, die empfangende Welt, Briah, wird dem Element Wasser zugeordnet und ist symbolisiert durch den hebräischen Buchstaben He. Die dritte, formende Welt, Jetzirah, wird gekennzeichnet durch das Element Luft und symbolisiert durch den hebräischen Buchstaben Vau. Die vierte und unterste Welt, Assiah, beinhaltet natürlich das Element Erde und wird abermals mit dem Buchstaben He bezeichnet, den wir schon bei der zweiten Welt gefunden haben.

Setzen wir diese vier Buchstaben hintereinander, so ergibt es den Namen Gottes, Jod-He-Vau-He = Jehovah.

Schreiben wir nun wiederum die Schriftzeichen von oben nach unten übereinander, so erhalten wir ein abstraktes Bild Gottes, nach dessen Gleichnis der Mensch erschaffen wurde.

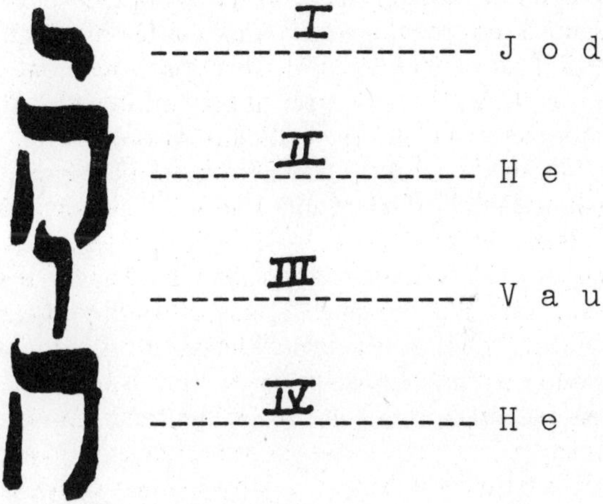

Abb. 3

Zwischen dem Zeichnen der obigen Schriftzeichen und diesen Zeilen liegen 38 Stunden, die ich mit dem Wälzen meiner sämtlichen Kabbalah-Bücher verbracht habe, und das nicht ohne Grund. Normalerweise schreibe ich täglich bis ziemlich spät in die Nacht hinein, manchmal bis 2 oder 3 Uhr in der Frühe. Dann bin ich rechtschaffen müde, trinke meinen Schlaftee (Brennessel, Schafgarbe, Mistel, Baldrian und Ehrenpreis) und begebe mich ins Bett. So geschah es auch vor 38 Stunden, nachdem ich die obige Zeichnung fertig hatte (stilbrüchig mit meinem chinesischen Schreibset gemalt). In dieser Nacht hatte ich einen Traum.

Es gibt ja viele Arten von Träumen, Erholungsträume, Verarbeitungsträume, Warnträume, aber auch diese Art von seltsam »wachen« Träumen, die einem so klar im Gedächtnis bleiben, daß man sie wie eine Videokassette jederzeit wieder abspielen könnte. Ereignisse und Worte sind wie eingebrannt ins Hirn – so ein Traum geschah mir in dieser Nacht, und er war so seltsam, so real, daß ich ihn Ihnen nicht vorenthalten möchte.

Ich habe keine Ahnung, ob dieser Traum sich am Anfang meines Schlafes oder kurz vor dem Erwachen oder zu einem ganz anderen Zeitpunkt abspielte, ich kann mich nur erinnern, daß ich kurz, bevor ich »weg« war, das eigenartige Gefühl hatte, das Gleichgewicht verloren zu haben, ein nicht besonders angenehmes Gefühl, sogar im Liegen unangenehm.

Ich träumte: Vor mir stand ein älterer Mann, der aussah wie ein Chinese. Es war kein Chinese, das wußte ich, aber er trug einen ähnlich zweigeteilten Bart und hatte auch schräge Augen in einem sehr hellen Gesicht.

Er sagte: *Du bist im Begriff, einen alten Fehler zu wiederholen.*

(Welchen Fehler?)

Sprich den Namen des Höchsten aus, der die vier Welten beinhaltet.

(J-H-V-H, Jehova).

Sprich ihn nochmals aus und halte die Hand vor den Mund. Was spürst Du?

(Ich verstehe nicht, was Du meinst ...?)

Halte die Hand ganz nahe vor den Mund und sprich den Namen nochmals aus. Was spürst Du?

(Ich spüre bei J einen ganz kurzen Atemzug, und da ist ein Geräusch, als wenn man ein Streichholz anreißen würde.)

Gut. Weiter.

(Beim H streift ein warmer langer Atemzug meine Hand.)

Richtig. Weiter.

(Beim V ist der Atemzug viel konzentrierter, und mir scheint, er hat auch etwas Feuchtigkeit transportiert.)

Genau. Das genügt.

(Was ist mit dem letzten H?)

Dies ist nur die Entsprechung des ersten H, darüber hat es nie Mißverständnisse gegeben.

(Wo liegt das Mißverständnis?)

Beschreibe Deinen Körper.

(Ich verstehe nicht ...?)

In welchem Teil Deines Körpers liegen Deine Atemorgane?

(Im oberen Teil.)

Richtig. In welchem Teil befindet sich in Deinem Körper die meiste Flüssigkeit?

(Im unteren Teil.)

Richtig. Nach welchem Bild hat Gott den Menschen geschaffen?

(Nach seinem eigenen.)

Warum ordnet Ihr dann die zweite Welt dem Element Wasser zu, und warum die dritte der Luft?

(So steht es überall geschrieben.)

Wenn überall geschrieben stünde, der Fluß fließt vom Meer weg, wäre es dann richtig?

(Nein. Aber dieser Vorgang ist offensichtlich und beweisbar anders.)

Der andere Vorgang ist es auch. Denke nach.

(Du hast recht. Aber ich werde Schwierigkeiten bekommen.)

Hast Du Angst?

(Ja ... nein ... ich weiß nicht ...)

Es hat Berühmtere als Dich gegeben, die keine Angst hatten, Uralt-Behauptungen anzufechten.

(Wen meinst Du?)

Galilei, um nur ein Beispiel von vielen zu nennen.

(Mhm ... ich bin nicht Galilei, ich bin ...)

Ich weiß, wer Du bist. Nicht jeder ist das, wonach er aussieht. Ich sehe einem Chinesen ähnlich, wie du schon bemerkt hast. Ich bin kein Chinese.

(Wer bist Du? Wie siehst Du wirklich aus?)

Ich kann jede Gestalt annehmen, die nützlich ist. Ich bin geistige Energie …

Weiter kann ich mich an nichts erinnern. Ich erwachte in vollem Bewußtsein dieses Traums. Ich stand auf und fing an zu suchen, in englischen, französischen, amerikanischen, deutschen Büchern – nichts, bis auf ein einziges, winziges, das ich (natürlich!) als letztes in der Hand hatte: Alan Richardsons *Mystische Kabbalah.* Auf die Idee, bei meinem guten alten (er ist fünf Jahre jünger als ich) Alan Richardson, dem Tarotianer und Magier, zu suchen, war ich nicht gekommen. Aber genau da stand es auf S. 38:

Feuer	Atziluth	Offenbarung
Luft	Briah	Schöpfung
Wasser	Jetzirah	Gestaltung
Erde	Assiah	Handlung

Ein einziger außer mir. Versuchen wir doch einmal so etwas ähnliches wie eine Beweisführung allein mit dem Material, das der »Chinese« geliefert hatte. Er hatte den menschlichen Körper als Beispiel angeführt. Also:

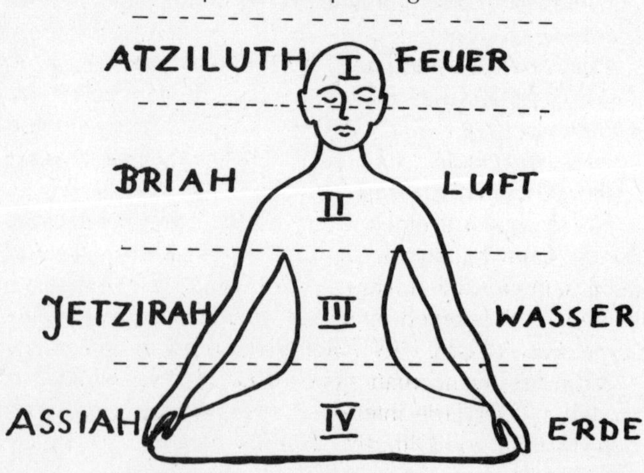

Abb. 4

Je länger ich mir mein »geniales Kunstwerk« betrachte, desto verständlicher wird mir die Anordnung. In der Welt des Feuers befindet sich beim Menschen das Hirn, also der Teil, wo sich die Geistenergie abspielt. Hier ist die Zentrale. Nun unsere Welt der Luft: Mund, Nase, Luftröhre und Lungenflügel befinden sich haargenau innerhalb dieses Abschnitts. Kommen wir zu der Welt des Wassers: Magen, Bauchspeicheldrüse, Galle, Nieren und Dünndarm, dies alles finden wir in diesem Abschnitt versammelt.

Sehen wir doch mal im unteren Teil, dem Teil des Elements Erde nach: Alle Ausscheidungsorgange und Genitalien haben hier ihren Platz, und nicht umsonst habe ich mein Männlein (oder ist es ein Weiblein ...?) sitzen lassen. So habe ich die Füße, die zwei Teile unseres Körpers, die tagtäglich am meisten mit der Erde zu tun haben, auch noch in diesen Abschnitt gebracht.

Oder nehmen wir doch ganz einfach mal die Physik und aus diesem Fach einen Naturwissenschaftler, der eigentlich Psychiater war, und vielleicht gerade deshalb die Zusammenhänge so gut begriff: Hoimar von Ditfurth. Eines seiner bekanntesten und auch schönsten Bücher ist *Am Anfang war der Wasserstoff,* ein Titel, den er selbst auf Seite 45 Lügen straft, wo er sagt: »Seit 1965 wissen wir, daß unsere Welt einen Anfang gehabt hat, der wahrscheinlich rund 13 Milliarden Jahre zurückliegt. Damals entstand, nach allem was wir wissen, der Kosmos mit einem Blitz ...« Mit einem Blitz! Also durch Energieentladung. Damit hätten wir das Feuer, das als oberstes Element seinen Platz unangezweifelt unter den vorher genannten 4 Elementen einnimmt. Dann käme, nach alter Lehre, das Wasser. Hier fängt die Unlogik an. Denn am Anfang war, wenn man sich nur für die rein materielle Entstehung der Erde interessiert, tatsächlich der Wasserstoff. Hoimar von Ditfurth: »Gas und Staub also bildeten den Keim unserer Erde.«

Wasserstoff ist, wie wir alle wissen, ein chemisches Element, das wir in der Schule als farb-, geruch- und geschmackloses Gas kennengelernt haben. Als Gas! Und ich glaube, hier haben wir die Wurzel des Irrtums gefunden. Denn es geht nicht um unsere vier Elemente, sondern um einen Schöpfungsablauf. Nur das kann der Sinn der Kabbalah sein. An der Spitze steht die Energie, die alles schafft. Energie, Gott, Blitz, Sie können wählen, wie Sie diese erste Dimension nennen wollen. Dann kam das Gasförmige an die Reihe, wie Ihnen jeder Wissenschaftler wird bestätigen können. Und dann kam das Wasser, eine Verbindung aus Wasserstoff (da ist er wieder) und Sauerstoff. Lange hielt man das Wasser für einen Grundstoff, für ein Element also, und erst Anfang der achtziger Jahre des 18. Jahrhunderts fanden zwei Engländer unabhängig voneinander und fast gleichzeitig (können Sie das bitte für ein späteres Kapitel speichern) die Zusammensetzung: H_2O.

Wenn wir von unten her die Elemente aufzählen, dann ist die Reihenfolge ihres Aggregatzustandes: fest, flüssig, gasförmig, so logisch und geläufig, daß, müßten Sie das Aufzählen von heute auf morgen in fest, gasförmig, flüssig ändern, Sie wahrscheinlich einen Zungenbrecher bekämen. Es gibt genauso eine universelle Logik, wie es eine universelle Vernunft und Gesetze gibt.

Erlauben Sie mir, nur kurz, daß ich dem unwiderstehlichen Drang, Gedanken zu kombinieren nachgebe? Es wird erzählt, daß die Kabbalah von Gott direkt an die Engel gegeben wurde und diese sie wiederum weitergaben an bestimmte Menschen.

Nun, es gibt zahllose Theorien darüber, wer Adam und Eva, wer Noah war (schon mal darüber nachgedacht, warum er so alt wurde??), und auch über die Engel, die da einst auf Erden wandelten, auch Söhne Gottes genannt, hat man sich mehrfach den Kopf zerbrochen. Das, was jetzt folgt, ist nur ein Gedankenspiel: Angenommen, diese Söhne Gottes waren gar keine Engel, sondern Außerirdische, die sich auf diesem damals ziemlich unzivilisierten Planeten umtaten. Und angenommen, sie haben wirklich versucht, ihr ganzes, für unsere Begriffe gigantisches Wissen, in eine symbolträchtige verschlüsselte »Philosophie« zu kleiden, in der Hoffnung, die geistige Evolution des Menschen damit zu unterstützen. Was dann? Könnte es auch möglich gewesen sein, daß diese »Engel« einigen Auserwählten tatsächlich Unterricht gegeben haben und ihnen vielleicht die Bezeichnung des Elements Wasserstoff mit einem Wort weitergegeben haben, das wir heute noch verwenden, Hydrogenium nämlich, und könnte es sein, daß, als die »Engel« wieder verschwunden waren, es mit Wasser hydor (griech.) verwechselt worden war. Ich will nicht behaupten, daß die Engel griechisch gesprochen haben, aber das Beispiel zeigt, daß so unter Umständen Irrtümer entstehen können.

Wie auch immer, ich bin geneigt, meinem Traum Glauben zu schenken. Da ich vorher alles lehrbuchmäßig niedergeschrieben habe, können Sie wählen, wie Sie weitermachen wollen, sollten Sie sich jemals tiefer in die Kabbalah hineinarbeiten wollen.

Und nun kehren wir zurück zu unseren Schutzgeistern und den Welten, in denen diese sich aufhalten. Beschäftigen wir uns zunächst mit der Frage, wie entstehen Schutzgeister? Zwei Dinge wissen wir mit Sicherheit.

1. Schutzgeister, im Sinne von Lebensbegleiter, sind unsichtbar und
2. sie müssen nicht mehr inkarnieren. (Ausnahmen immer inbegriffen.)

Da wir mit den Welten inzwischen schon sehr vertraut sind, können wir also sagen, daß Schutzgeister sich aus Energien der zweiten Welt zusammensetzen. Immer wieder ist an mich die Frage gerichtet worden, ob denn die geliebte verstorbene Mutter, der Vater, der Freund oder die Schwester, nicht zum Schutzgeist geworden sein könnte. »Seit er (sie) tot ist, habe ich immer das Gefühl, er (sie) ist um mich, spricht mit mir und sorgt für mich.« Die Antwort muß leider sein: Wohl kaum. Denn jeder Inkarnierte, der zurückkehrt in das geistige Sein, hat erst einmal genug damit zu tun, seinen Loslösungsvorgang zu beenden, dann, entsprechend seinem neuerworbenen (hoffentlich) Reifegrad sich neu einzugliedern, seine Anteile abzugeben, andere, entsprechende in Empfang zu nehmen, auf gut deutsch, sich erst einmal ein bißchen in der Badewanne umzutun und zu sehen, was die Individualanteile mittlerweile alles geschafft (oder auch nicht geschafft) haben. Würde ich mir erlauben, flapsig zu sein, dann würde ich als Heimkehrer sagen: »Mal sehen, wer zu Hause ist.« Aber wie wir wissen, ist das Thema viel zu ernst, um so einen Ton anschlagen zu dürfen.

Hat der Hinterbliebene in sich Anteile des Verstorbenen, dann wird er umsomehr die Verbundenheitgefühle, die übrigens nichts mit Trauer zu tun haben, in sich tragen, je mehr dieser Anteile er in sich trägt. Natürlich können über diese Anteile Gefühle, Trost, Warnungen, manchmal sogar Ratschläge im Stimmklang des Verstorbenen wahrgenommen werden (was über das innere Ohr geschehen kann). Ich möchte, um es wirklich nicht zu vergessen, an dieser Stelle noch etwas zu den Anteilen sagen. Es gibt eine Möglichkeit, als Inkarnierter neue Anteile zu »eröffnen«. Diese einzige Möglichkeit kennen Sie alle. Sie heißt: Liebe. Und es ist nicht die Sexus- und Eros-Liebe gemeint, wie Sie natürlich wissen, sondern die reine, tiefempfundene Nächstenliebe. Von diesem Vorgang hat Jesus, der Christus, so oft gesprochen, daß ich einen Anhang bräuchte, um diese Aussprüche aufzuzählen. Hier die zwei wichtigsten. »Was du dem Geringsten meiner Brüder getan hast, das hast du mir getan« und »Liebe deinen Nächsten wie dich selbst.« Dieses »Eröffnen« oder »Neuanschaffen« von Anteilen aus reiner Liebe ist deswegen so unglaublich wichtig, weil diese Anteile zu 100 Prozent von der zweiten Welt, Briah, vermittelt werden, wo sie auch ihren Entstehungsort haben. Die Anteile, nicht die Universal-Liebe – deren Geburtsstätte liegt noch ein bißchen höher.

Wer es schafft, sich größere Kontingente von diesem

Potential anzueigenen, der braucht nicht mehr zu inkarnieren, hat Zugang zur zweiten Welt, ist also poolfähig, und damit fähig, selbst Schutzgeist zu werden. (Und hättet ihr alle Dinge dieser Welt und hättet die Liebe nicht, ihr wäret nicht mehr als ein tönern Erz ...)

Diese Pool-Energie ist im Gegensatz zu den Energien der unter ihr liegenden Welten wesentlich verfeinert. Wodurch? Durch Liebe, Liebe und nochmals Liebe. Gleichgültige Liebe, nicht gleichgültige Liebe ist Teil 2 der Eintrittskarte in den Pool und der Stoff, aus dem die Schutzengel sind.

Und je weniger Liebe Sie selbst in sich tragen, desto weniger kann ihr Schutzgeist »einhaken«, denn das ist das einzige, was er gegenzubieten hat. Das ist der Kanal. Und er hat nichts, nichts, nichts mit »Channeling« zu tun. In meinen Kursen ist dieses Wort nicht erwünscht. Wenn Sie alles bis jetzt aufmerksam gelesen haben, dann wissen Sie, warum.

Vielleicht ist Ihnen auch aufgefallen (mir selbst erst vor ein paar Zeilen) daß ich immer geschrieben habe, Jesus, der Christus. Hätte Jesus nicht genügt? Nein, habe ich gehört, denn Jesus sei ein geläufiger Name wie Hans und Jeremy, und es möge bitte immer klargestellt sein, von welchem Jesus hier die Rede ist. Außerdem sei die Wirkung der Worte Jesus, der Christus, eine völlig andere als die, wenn ich nur Jesus schriebe. Man lernt sehr viel während des Schreibens, scheint mir ...

Kehren wir noch einmal zurück zur gleich-gültigen Liebe. Verstehen Sie jetzt auch wirklich tief im Inneren, warum Engel kein Gefühl und keinen Willen haben? Beides ist nie gleichgültig. Das ist der Sinn jeder Inkarnation: Liebe zu lernen, gleich-gültige Nächstenliebe. Zugleich ist diese Form der Liebe an und für sich ein mächtiger Schutz: Denn sie wahrt immer ihre Würde (was die anderen Formen der Liebe fast nie tun) und sie bewahrt Sie vor Einsamkeit und befähigt Sie damit, all-eins zu werden.

Beklagen Sie sich also nie wieder über ihren Schutzengel, denn Sie erzählen damit nur von Ihrer eigenen Unfähigkeit. (O-Ton aus einem Brief: »Ich weiß wirklich nicht, wo mein Schutzengel war, als ich diesen Mann geheiratet habe.« Gegenfrage: Wo waren Sie mit Ihren Gedanken und Gefühlen, als Sie diesen Mann geheiratet haben?)

Du bist so gut wie Dein Schutzengel und Dein Schutzengel so gut wie Du.

Immer und immer wieder höre ich auch, daß behauptet wird: »... und dann habe ich um Rat und Hilfe gebeten, aber mein Schutzengel hat mich im Stich gelassen«. Immer wieder diese Vermenschlichung. Ihr Schutzgeist kann Sie gar nicht im Stich lassen, da er vollkommen mit Ihrer Energie verbunden ist. Nur haben wir Menschen die Angewohnheit, in Gefahrenmomenten in Panik zu geraten, und wie schwer es ist, einem anderen in diesen Lebenslagen gut zu raten, werden Sie aus eigener Erfahrung wissen. Der Betroffene kann, im wahrsten Sinn des Wortes, nicht hören. Ist er allein, dann tut er oft Dinge, von denen er nachher sagt: Ich weiß gar nicht, wie ich so etwas tun konnte.

Es ist aber auch schon genau so oft geschehen, daß während einer solchen Anforderung der Zustand einer »eiskalten Ruhe und Sicherheit« aufkommt, in dem das absolut Richtige, wenn auch für die Person nicht unbedingt Charakteristische gesagt oder getan wurde. Wieder wird nachher behauptet: Also, das war nicht ich!

Die Erklärung dafür ist, daß der Mensch in einen seelischen Schockzustand gerät, der durch eine bestimmte Reaktion der Körperchemie das bewußte und kontrollierte Handeln ausschaltet. Jetzt hat das Überbewußtsein freie Bahn oder – der Instinkt, ein enger Verwandter des Unterbewußtseins. Das hängt ganz davon ab, wie erfahren, geschult, kombinationsfähig und gleich-gültig ihre Anteile sind. So wurden manche schon ungewollt (oder?) zu Helden und andere zu Mördern. Das Ideale wäre also, daß im Fall einer außerordentlichen Belastung mit vollem Bewußtsein ein Zustand hergestellt würde, der uns ein »Einklinken« in das hohe Erfahrungspotential des Briah-Kollektivs ermöglicht, unter gleichzeitiger Nutzung der Speicherungen von Jetzirah sowie die Verwendung des Wissens um das Verhalten von Materie, also von Assiah. Eine geistige Glanzleistung also. Ein Kombinationsvorgang, der, wie man glauben möchte, übermenschlich ist. Die Vermutung ist völlig richtig. Denn nie ist ein Mensch göttlicher, als in dem Moment, wo er seine Geistesgaben in Vollkommenheit verwendet und das in völligem Bewußt-Sein.

Das Erreichen der fehlerlosen Beherrschung dieser Möglichkeiten ist erlernbar, muß erlernbar sein, denn es hat immer wieder Menschen gegeben, die uns dieses Können vorgelebt haben. Natürlich liegt es nahe, zuallererst Jesus Christus als leuchtendes Beispiel heranzuziehen, doch in Anbetracht des hohen Grades an Bewußtsein könnte unsereins eher daran verzweifeln, als Hoffnung auf die Möglichkeit der Nachahmung zu schöpfen.

Erinnern Sie sich noch an den Flugkapitän, der es tatsächlich schaffte, vor ungefähr zwei Jahren eine Boeing sicher zu landen, deren Oberteil abgerissen war. Jeder halbwegs erfahrene Pilot wird Ihnen sagen, daß dies ein »Wunder« war. Es war kein Wunder! Sondern da saß im Cockpit Gottseidank ein alter, erfahrener Kapitän, der die Nerven behielt und im richtigen Moment das Richtige tat. Alle überlebten.

Letztendlich sind wir alle Piloten einer Boeing mit mehreren Insassen. Wir haben auch alle mehr oder weniger gut »fliegen« gelernt, vor allem in der Theorie. Wie gut wir dieses, zum Teil theoretische, Wissen in die Praxis umsetzen, hängt tagtäglich von unserer, dieser Inkarnation angepaßten, Basis und unserem Charakter ab.

Die angepaßte Basis ist wieder nichts anderes als Wissen. Ich habe zu wissen, wie man mit der Materie umgeht. Dazu gehört handwerkliches Können genauso, wie das Erlernern von Sprachen, Naturwissenschaften und der Umgang mit den sogenannten schönen Künsten. Sagen

Sie bitte nicht: Ich brauche keinen Herrn Hundertwasser zum Leben, auch Herr Penderecki kann mir gestohlen bleiben und die Bestsellerliste des Deutschen Buchhandels ist mir seit Geburt noch nicht abgegangen. Ich hasse Theater, Museen, Konzerte, Bildungsreisen und Bibliotheken. Und für was brauche ich Quantenphysik als Postbeamter (Lehrer, Ingenieur, Verkäufer, Säuglingsschwester, ... nachfolgend alle Berufe des täglichen Lebens, die nicht ausgesprochen mit oben genannten Gebieten zu tun haben). Sie nehmen sich durch diese Haltung die Möglichkeit der Kombinationsfähigkeit und das Vergnügen, mit dem Kollektiv spielen zu können. Kein Mensch verlangt, daß Sie alles aus dem FF heraus beherrschen. Sie sollen sich nur dafür interessieren.

Wenn Sie sich für nichts interessieren, dann werden Sie auch sehr schwer herausbekommen, wo denn nun Ihre Talente verborgen sind. Das Nutzen von offensichtlichen Talenten ist wirklich nicht alles. Wir sind nicht nur dazu da, mit unserem eigenen Können unsere Umwelt zu erfreuen, sondern auch Freude am Können der Umwelt zu zeigen. Das ist Umgang mit dem Kollektiv und eine genutzte Inkarnation.

Je geübter Sie im Umgang mit der Umwelt, in welcher Form auch immer, sind, desto fähiger werden Sie, mit Ihrem Schicksal umzugehen. Je mehr Sie An-Teil am Leben, an den Leistungen anderer nehmen, umso mehr haben Sie auch die Möglichkeit, die geistigen Felder des Kollektivs wahrzunehmen, sich dadurch selbst besser kennenzulernen und damit den Schlüssel zum Kontakt mit Ihrem Schutzgeist zu finden, den bewußten Kontakt.

Die geistigen Felder! Hier sind wir im weitesten Sinn bei dem Phänomen angelangt, das Rupert Sheldrake, der englische Biologe, als morphische Felder bezeichnet. Das Wort morphos kommt aus dem Griechischen und heißt Form. Sheldrake geht davon aus, daß die

Durchsetzungsfähigkeit einer Form über längere Zeiträume hinweg davon abhängt, wie häufig sie in der Vergangenheit verwendet worden ist.

Ich werde den Verdacht nicht los, daß Herr Sheldrake in sich ein hohes Maß von Anteilen eines Forschers herumträgt, von dem wir alle schon einmal gehört haben: Charles Darwin. Denn so weit ist Sheldrakes Lehre nicht von dem entfernt, was dieser ebenfalls englische Naturforscher (so ein Zufall, was?) im 19. Jahrhundert behauptet hat. Nein, nicht daß der Mensch vom Affen abstammt. Das war nur ein winziges Teilergebnis seiner umfangreichen Forschungsarbeiten. Viel wichtiger ist folgende Erkenntnis. Ich zitiere Darwin: »Die wichtigste Triebfeder für die Beibehaltung und die daraus erfolgende Neubildung von Formen liegt in der Art und Intensivität des Gebrauchs derselben.«

Darwin war einer der ersten, wenn nicht der allererste, der sich als Naturwissenschaftler nicht nur mit der Beschaffenheit der Organe auseinandersetzte, sondern sich auch fragte, warum sie gerade so beschaffen sein müssen, wie sie sich darstellen. Er führte sämtliche biologischen Vorgänge auf Kräfte zurück, welche der Materie selbst zu eigen, also eingeprägt sind. Daraus ergibt sich von selbst die Folgerung, daß es eine Urform gibt, die entwicklungsfähig nach dem Gesetz der natürlichen Auswahl ist. Auf gut deutsch: der Stärkere siegt. Nach Sheldrake: Je öfter eine Form es geschafft hat, sich zu wiederholen, desto stärker ist ihr morphisches Feld in seiner Durchsetzungsfähigkeit, und das aufgrund alter Gewohnheit.

Das gilt auch für die menschliche Physis, aber auch für die Psyche. Hier grüßt auch Carl Gustav Jungs kollektives Unterbewußtsein beziehungsweise Überbewußtsein. Facit: Wir sind ein total konservativer Haufen, der Neuem nur dann eine Chance gibt, wenn dieses Neue die Kraft aufbringt, zur Gewohnheit zu werden, sich in unsere mophischen Felder einzunisten.

Davon lebt zum Beispiel eine ganze Branche: die Werbung. Das höchste der Gefühle für einen Werbefachmann ist es, wenn er es geschafft hat, ein Produkt so in die Gewohnheit der Konsumenten einzulagern, daß diese

a.) glauben, ohne das Produkt nicht mehr auskommen zu können und
b.) eine Neu-Bezeichnung so sehr akzeptieren, daß der alte Begriff nicht mehr verwendet wird.

Beispiel: Papiertaschentücher – *Tempo,* Klebstoff – *Uhu.* Nie im Leben sagen Sie doch: Kann ich mal ein Scheuerpulver haben. Sondern eher kommt: Gib mir doch mal ein *Ata*. Wollen wir doch mal ehrlich sein: Ein Scheuerpulver ist so gut wie das andere, und so verhält es sich auch mit Klebstoffen, Lippenstiften, Klopapier und Eiernudeln. Wie aber kommt es, daß es ein ganz bestimmtes Produkt trotzdem schafft, *der* Favorit zu werden, während ein anderes, völlig ähnliches, das vielleicht auch noch mit demselben Werbeaufwand angeboten wird, im Abseits landet?

Um es gleich zu sagen: Es hat nichts mit Glück zu tun. Glück haben Sie gehabt, wenn Sie Omas geheiligte Kristallvase fallenlassen und über so gesegnete Reaktionen verfügen, daß Sie sie noch vor dem Aufprall auf dem Steinboden abfangen können. Der Erfolg einer Sache hängt davon ab, wie weit Sie in der Lage sind, die morphischen Felder mit den Schwingungen der kosmischen Rhythmen zu koordinieren.

Gestatten wir doch einmal eine ganz dumme Frage: Hat ein Tempo-Taschentuch ein morphisches Feld? Sehr dumme Frage, nicht? Beinahe blödsinnig, oder vielleicht doch nicht? Erinnern Sie sich, als ich ziemlich am Anfang dieses Buches sagte, alles, was in der Materie existiert, existiert zuerst im Geistigen. Das heißt, daß dieses Tempo-Taschentuch von einem, oder mehreren Menschen zuerst einmal »erfunden« werden mußte.

Wer schon einmal zufällig mitbekommen hat, wie man in der Werbebranche arbeitet, der weiß, daß zuerst einmal das Produkt an und für sich entwickelt und endgültig erstellt wird. In diesem Fall hat man also ein Zellstoffgefüge zusammengestellt, das, wie man glaubte, bestimmten Anforderungen gerecht werden konnte. Man probierte aus, ob es weich, trotzdem reißfest, saugfähig und geruchsneutral war. Dann stellte man fest, welche Faltform wohl die günstigste sein würde, und ob ein Muster den guten Eindruck wohl steigern könne. Ich nehme an, daß Sie sich nicht allzusehr für Herstellungs- und Verkaufsstrategien von Papiertaschentüchern interessieren, weswegen ich auf eine weitere detaillierte Beschreibung des Vorgangs verzichte. Grundsätzlich wollte ich nur eines klarstellen: die Erzeugung des spezifischen morphischen Feldes geschieht bei Materie durch den Geist oder die Geister, die dahinterstehen. Je genauer diese wissen, was sie wollen, und je mehr sie diese Idee mit den bestehenden Bedürfnissen koordinieren können, desto größer ist die Chance des Erfolges. Jede Sache ist so stark, wie die Idee, die dahintersteht. Ein auf Dauer lebensfähiges morpisches Feld braucht also einen sehr guten Anfangskoordinator.

Doch das allein genügt nicht. Wie heißt es so wahr: Jedwedes Ding braucht seine Zeit. Es nützt Ihnen nichts, wenn Sie die wunderbarste Züchtung von gefüllten Geranien erreichen und diese am 13. Januar verkaufen wollen. Kein Mensch hängt sich im Januar Geranien vor's Fenster. Es ist also klüger, damit bis zum Frühjahr zu warten, wenn der Mensch gierig auf blumigen Balkon- und Gartenschmuck wird und wo der Verkauf »wie von selbst« läuft. Ich wage fast zu wetten, daß die Tempo-Tücher eher zuerst in der Winterszeit als im Hochsommer angeboten wurden. Hintergedanke: Winterszeit – Schnupfenzeit. Das wäre ein völlig legitimer, verkaufsstrategisch kluger Trick gewesen.

Langweilig? Esoterisch nicht relevant? Themaverfehlung? Vielleicht sollten Sie sich doch mal dafür interessieren. Es könnte sein, daß es Ihnen geht wie mir. Ich habe in der Werbebranche meinen letzten Schliff bekommen. Nein, nicht was die Werbung selbst betrifft. Das überlasse ich anderen. Ich habe beobachten gelernt. Welche Idee setzt sich durch und wann? Wer arbeitet besser allein, und wer hat die besseren Ideen im Team? Welche Farben kommen »an«, welche nicht, welche Sendezeiten im Fernsehen bringen prozentual gesehen mehr Erfolg? Welche Worte wirken in der Reklame, welche nicht, und welche Gesichter sind gute »Verkäufer« und welche nicht?

Durch mein Interesse für dieses Fach (nur eineinhalb Jahre, das genügte) habe ich die Basis für eine unabhängig immer weitergehende Informations-Fütterung gelegt, die inzwischen mit Werbung rein gar nichts mehr zu tun hat. Warum wird eine Sängerin erfolgreich, obwohl sie nicht besser singt als 2000 andere Vertreterinnen ihres Fachs? Warum wird ein Buch ein Erfolg und ein anderes, geniales eben nicht? Alles Zufall, Glück, Beziehungen? Oder gar Magie? Was sind denn Zufall, Glück, Magie? Und woher kommen Beziehungen? Warum hat sie der eine und ein anderer kriegt sie nie? Die Beziehungsknüpfer sind doch frei ansprechbar, laufen frei herum. Haben Sie Angst, abgewiesen zu werden? Angst? Vor was? Was haben Sie zu verlieren?

Als ich anfing zu singen, bewarb ich mich bei einem gewissen Ralph Siegel, heute Schlager-Mogul Deutschlands und schon damals nicht schlecht im Geschäft. Ja, glauben Sie vielleicht, daß dieser Mann im Viereck gesprungen ist vor Begeisterung, als er mich das erste Mal sah und hörte? Ich will gar nicht wiederholen, was er alles sagte. Zwar nicht zu mir direkt, doch natürlich wurde es mir fürsorglich hinterbracht. Er fand mich einfach grauenvoll. Und wissen Sie was? Möglicherweise hatte er recht. Hätte ich damals frustriert und beleidigt aufgegeben, dann hätte ich ihm sieben Jahre später nicht die Erfolge ins Haus bringen können, die dazu beigetragen haben, aus der damaligen kleinen Firma das zu machen, was sie später wurde.

Sieht man sich die Zeitqualität an, wird alles klar. Zu der Zeit konnte es gar nicht gehen. Da half auch kein noch so gefinkelter Schutzgeist. Aber ein paar Jahre später, ein paar Pfunde schlanker, ein paar Gramm gescheiter und an Erfahrung gereifter, da bekam ich alles, was ich wollte.

Ich rede momentan nicht von Astrologie, wie Sie vielleicht vermutet haben. Darüber habe ich in anderen Büchern schon genug gesagt. Außerdem existiert ein solches Übermaß an Astrologiebüchern, daß ich wohl nur die Spitze auf dem Eisberg der Überflüssigkeit sein könnte. Nein, ich rede von Lebensrhythmen. Wir alle kennen die sieben Jahre, die mageren, die fetten, die verflixten und die goldenen.

Die magische Sieben! Sieben Tage, dauerte die Schöpfung inklusive Ruhetag, sieben Protonen kreisen um den Kern des Wasserstoffatoms, über sieben Brücken mußt Du geh'n, die sieben Samurai, sieben Chakras hat der Mensch, die sieben Weisen und Zwerge, das siebte Siegel. Genug! Sie können die Liste sicher selbsttätig endlos fortführen. Alle wissen's. Und keiner richtet sich danach.

Es wird zu den unmöglichsten Zeiten geheiratet, gebaut, gespart, Urlaub gemacht und operiert. Keiner pflanzt Geranien im Winter. Aber im Winter des Biorhythmus läßt man sich vom Zahnarzt die überfällige Brücke machen und wundert sich, warum sich alles entzündet.

Es gibt persönliche Rhythmen und allgemeine Rhythmen wie zum Beispiel den Rhythmus, der durch den Mondzyklus zustande kommt. Dr. Spencer Lewis hat ein unübertroffenes Buch darüber geschrieben, das ich wegen seiner Knappheit und Aussagefähigkeit besonders schätze. Man könnte in der Qualität der Aussagen nur unter dem des von Dr. Lewis Er-Fundenen und Niedergeschriebenen liegen, deswegen werden Sie nur den Literaturnachweis finden. Wenn Sie begriffen haben, was dieser »Mann im Hintergrund« bei größten amerikanischen Transaktionen Ihnen zu vermitteln hat, dann haben Sie eine Basis, auf der Sie beruhigt Ihre morphischen Felder aufbauen können.

Wie erstellt man morphische Felder? Machen Sie sich darüber keine Gedanken, denn wenn Sie sich in dieses Programm nicht schon vor langer Zeit eingeklinkt hätten, dann würden Sie gar nicht existieren. Denn auch der menschliche Körper gehorcht diesem Gesetz des formbildenden Feldes.

Darüber hat Rupert Sheldrake zwei bemerkenswerte Bücher geschrieben. Über die Formentstehung und die morphische Resonanz, wie er es nennt. Jahrhunderte vorher hat darüber schon einmal jemand etwas gesagt, und man kann mit Gewißheit sagen, daß dieser »Jemand« keine Ahnung von morphischen Feldern und ihren Resonanzen hatte: Angelus Silesius. Im *Cherubinischen Wandersmann* sagt er: »Mensch, was du liebst, in das wirst du verwandelt werden. Gott wirst du, liebst du Gott, und Erde, liebst du Erden.« Klingt da nicht Erinnerung auf: Was du billigst noch so fern ...? Wenn es morphische Felder gibt, die materielle Formen bilden, dann ist es nur logisch zu behaupten, daß es eben solche Wirksamkeiten auch im geistig-seelischen Bereich geben muß. Das Zustandekommen dieser Mentalfelder basiert auf dem Zusammenspiel von Fühlen, Denken, Beurteilen, Annehmen, Ablehnen. Das heißt, daß sich jeder von uns tagtäglich mit einer Unzahl von geistigen Feldern umgibt, die er seinen Energiekörpern einverleibt und ihnen dadurch eine ganz eigene Schwingung und Abstrahlung verleiht. Die summa summarum nennen wir dann Ausstrahlung, Flair, Charisma, Persönlichkeit.

Diese Gesamtabstrahlung kommt durch die Intensität des Zusammenspiels unseres physischen, unseres ätherischen und unseres astralischen Körpers zustande. Was den physischen Körper betrifft, so bedarf es sicher keiner weiteren Erklärungen. Worin aber besteht der Unterschied zwischen Ätherleib und Astralleib? Der gravierende Unterschied dieser zwei Körper, die nach dem Tode als zwei geistige Gestalten neben dem Verstorbenen von Hellsichtigen wahrgenommen werden können, besteht darin, daß der Ätherleib sich nach dem Tode innerhalb von fünf Tagen auflöst, ganz im Gegensatz zum Astralleib, der aus kosmischer Energie besteht und unsterblich ist. Während der Ätherleib in sich alles gespeichert hat, was kollektives Unterbewußtsein, instinktives und triebhaftes Verhalten betrifft, so beinhaltet der Astralleib die geistigen Wahrnehmungsorgane, die das Ich-Bewußtsein ermöglichen.

Im weitesten Sinne kann man sagen, daß der Ätherleib die energetische Abstrahlung unseres Körpers, der Astralleib die energetische Manifestation unserer geistigen Leistungen ist.

Man könnte über die Energiekörper des Menschen und ihre Prinzipien einen eigenen Band füllen, über ihre über- und untergeordneten Differenzierungen philosophieren, doch das ist nicht das Thema und Ziel meiner momentanen Arbeit. Mir geht es momentan um den Versuch der Beweisführung, daß wir durch unsere Empfindungen, Gefühle und Denkleistungen genauso schöpferisch wirksam sind wie die, auf die Materie wirkenden morpho-genetischen Felder Sheldrakes.

Machen wir es uns ein bißchen leichter mit dem Verstehen. Alle morphischen Felder sind nichts anderes als eine riesige Datenbank, deren Speicherungen so lange im Programm behalten werden, solange man sie abruft. Was über längere Zeiträume nicht verwendet wird, erlischt automatisch, denn die Energiefütterung, die das Erhalten einer Speicherung garantiert ist Inter-esse = Bedarf.

Der Unterschied zwischen den morphischen Feldern der Materie und den geistigen Feldern des Menschen besteht darin, daß erstere ausschließlich nach dem Gesetz »Der Stärkere siegt« überleben, während letztere ihre Beständigkeit durch Ethik, Moral und Liebe erhalten, also durch Eigenschaften, die letztendlich im Entscheidungsbereich des freien Willens zu finden sind. Die morphischen Felder der Materie sind bis in die Bereiche des Unterbewußtseins und des Instinktes zu finden, und sind, wie ich glaube, genau so starr wie die Materie selbst. Im Unterschied dazu sind die Mentalfelder des

Menschen beweglich, schnell zu verändern, und von einer, der Menge ihrer Erzeuger entsprechenden ungeheuren Konvertibilität gekennzeichnet.

Soweit wir vom Menschenkörper als Materie sprechen, so darf ich annehmen, daß, hätte Rudolf Steiner Sheldrakes Theorie gekannt, er die Einlagerung der morphischen Felder wohl dem Ätherleib zuerkannt hätte.

Was sagt Dr. Steiner über den Ätherleib des Menschen:

1. er verändert sich nur langsam
2. er ist der Träger des Gedächtnisses (also der Erfahrung)
3. er ist an ein Zellsystem gebunden
4. er ist ein »Kraftleib«, der Erbauer des physischen Organismus, aber auch
5. in ihm haftet der Irrtum
6. er ist der Sitz des Leidens.

Wagt man auf dieser Linie weiterzudenken, so kommt man zum Schluß, daß die morphischen Felder die luciferische Idee in sich tragen. Die Macht Lucifers besteht darin, Geist in der Materie festhalten zu können. So besteht unsere große Chance darin, Materie zurücklassen zu dürfen und zu können. Der Vorgang heißt Tod.

Mit ihm könnten wir uns also von Leid, Irrtum und »morphischer Resonanz« lösen, wenn wir wollten. Aber anscheinend ist dieses »Nicht-Loslassen-Können« ein überaus verlockender Faktor, der uns immer wieder in die Wiedergeburtskette zwingt. Die Chance, die Materie samt ihren morphischen Feldern zu überwinden, besteht also darin, unser Bewußtsein intensiv auszubauen. Das ist der Weg, um den physischen Leib des Menschen zum Geistmenschen umzugestalten, Krankheit und Tod zu überwinden und somit Gott zu erkennen.

Das Erstellen von Mentalfeldern findet im Astralleib statt, der in sich sowohl tierische Begierden beherbergt, wie auch alles, was der Mensch selbst hineinarbeitet. Laut Rudolf Steiner beinhaltet dieser Astralleib drei Seelen: die Empfindungs-, die Verstandes-, und die Bewußtseinsseele.

Hier finden wir also unsere Gefühle, Emotionen, unser Kombinationsvermögen, sprich Intelligenz, unsere Lernfähigkeit, und das Auswerten derselben, das Begreifen, das Erkennen.

Wollen wir unseren Astralleib in hohe Bewußtseinsschwingungen integrieren, so ist es notwendig, daß wir zuerst unsere Empfindungsseele begreifen, erkennen und ausbilden. Diese Ausbildung kann nur mit Hilfe unserer Umwelt vonstatten gehen. Deswegen ist eine Erziehung des Kleinkindes ohne Zärtlichkeit, Widerstand, Freude des Gebens, Überlegtheit des Nehmens, Musik, künstlerische, handwerkliche Betätigung (Basteln), spielerische Kommunikation und Förderung freundschaftlicher Bindungen einfach katastrophal. Dazu bedarf es der geduldigen und wissenden Führung einer oder mehrerer Vertrauenspersonen, welche die Zuneigung des Kindes besitzen. Ein Kind, das seinen Lehrer nicht liebt, lernt nichts. Mit »lieben« meine ich akzeptieren, mehr, als alles andere. Im Akzeptieren finden wir Respekt, Vertrauen, Sympathie, Bewunderung und aus diesen Faktoren ergibt sich resultierend der Wunsch, selbst bemerkt zu werden, was sich auf die Leistungen äußerst wohltuend auswirkt. Das Kind will gefallen, Zuneigung erwecken, Lob erhalten. Niemals wird es diese Eigenschaften entwickeln, wenn die Bezugsperson nicht in Ordnung ist. Eine äußerlich überaus qualifizierte Kindergärtnerin oder ein fachlich hochqualifizierter Lehrer kann unter Umständen für ihr Kind ein Brechmittel sein, ein Krankmacher. Bitte, reagieren Sie sofort auf diesbezügliche Anzeichen und Aussagen Ihres Kindes. Es interessiert überhaupt nicht, ob Sie den Erzieher gut finden. Ihr Kind muß sich wohlfühlen. Und wenn das nicht der Fall ist, wird es in seiner Entwicklung behindert. Also nehmen Sie bitte das Damoklesschwert auf sich, so lange zu suchen, bis ihr Kleines mit Freuden jeden Morgen sein Zuhause verläßt. Hier spreche ich vornehmlich von der Zeit der ersten sieben Jahre.

Ein Mensch, dessen Gefühle und Emotionen in den ersten sieben Jahren nicht sorgfältig geweckt, gepflegt und ausgebildet werden, wird später seinen Verstand niemals vollkommen zum Wohle seiner selbst und auch zum Wohle seiner Umwelt verwenden können. Liebe und optimale Verwendungsmöglichkeit menschlicher Intelligenz hängen untrennbar zusammen. Wenn ich meine völlig unmaßgebliche persönliche Meinung dazu kurz äußern darf: Mir könnten diese ganzen hochintelligenten gefühllosen Wissenschafts-Roboter gestohlen bleiben, die sich später ohne Nachdenken für die gräßlichsten Tierversuche und genetischen Spielereien im sogenannten Dienste der Wissenschaft hergeben. Niemand, dessen Empfindungsseele wirklich ausgebildet ist, wird sich für solche Abartigkeiten heranziehen lassen.

In Wirklichkeit endet die Ausbildung unserer Empfindungsseele nie. Später, wenn ein gewisses Alter erreicht wird, unser Verstand und unser Bewußtsein ebenfalls Reifung erfahren haben, sind wir selber verantwortlich für eine Weiterführung und Veredelung, mit dem Ziel und der immer lebendigen Absicht der Vervollkommnung.

Wir reden unentwegt vom Guten und vom Bösen in dieser Welt, entsetzen uns über Krieg und Greueltaten und vergessen dabei allzu oft, wie sehr wir diese zuerst im Mentalbereich erstellten Taten durch unser eigenes Denken gefüttert haben.

Zum letzten Mal sage ich es: Jeder gewalttätige Film, jedes brutale Buch, jeder dreckige Porno-Streifen, der von Ihnen konsumiert wurde, hat mitgewirkt an dem, was tagtäglich passiert und uns entsetzt. Wir teilen unsere Mentalfelder genauso miteinander, wie wir unsere Atemluft teilen.

Ich weiß nicht, wie weit die Ereignisse in Saddam Husseins Kindheit und Jugend kolportiert sind. Das Ergebnis betrachtend möchte ich die Schreckens-Stories beinahe glauben. Trotzdem sind wir alle mitschuldig. Viele von uns konsumieren die gewalttätigsten und menschenverachtendsten Gedanken. Der einzige Unterschied zwischen Saddam und jenen ist, daß sie dieses Gedankengut nicht zum Ausdruck bringen, entweder weil das bessere Ich es verbietet, oder – weil sich keine Gelegenheit bietet.

Haben Sie schon einmal eine Sekunde darüber nachgedacht, daß Saddam vielleicht nur der Ausdruck des momentanen generellen Gewaltpotentials war/ist, um ein Beispiel zu nehmen. Man könnte genausogut die Wirtschaftsbosse und Politiker der Gegenseite heranziehen. Die Toten fragen nicht mehr, wer es war. Sie künden nur davon, daß es war.

Gefühle, deren Triebfeder nur niedere Instinkte sind, können auf deren Erzeuger, wie auch auf seine Umwelt nur destruktiv wirken und im Kampf um die Veredelung zu schweren Deformationen der Seele führen. Genauso gefährlich ist die Fehlleitung, die Fanatisierung von Gefühlen.

Vor einigen Tagen sah ich in irgendeinem der Privatsender einen Bericht über einen Seelsorger, der die Betreuung der Bundeswehrsoldaten übernommen hatte, die anläßlich des Golfkrieges in die Türkei entsandt worden waren. Es war beinahe herzzerreißend, mitanzusehen, wie dieser von seiner Grundstruktur her edle und gläubige Mensch versuchte, seinen Schützlingen ihren Auftrag verständlich und als mit der christlichen Idee einhergehend plausibel zu machen. Nach Hause zurückgekehrt, war er zwar noch immer stolz darauf, daß er der einzige gewesen war, der sich als Geistlicher bis an die Front gewagt hatte, gleichzeitig war er aber auch von tiefen Zweifeln und einer nicht zu übersehenden Unruhe befallen. Vielleicht würde ihm das Lesen der Bibel seine Überlegungen erleichtert haben, wo geschrieben steht: »Deine Rede sei ja, ja oder nein, nein.« Oder: »Du kannst nicht Diener zweier Herren sein.«

Einer der Religionslehrer meiner Jugendzeit war noch sogenannter Feldpfarrer gewesen, eine starke gereifte Persönlichkeit, mit dem sich eine Diskussion allemal lohnte. Als ich mit ihm über seine damalige Betätigung sprach, berichtete er mir, daß er seine Aufgabe allein darin gesehen hatte, Verwundete und Verzweifelte zu trösten, die Sterbesakramente zu spenden, Beichten abzunehmen und die Messe zu lesen. Bei all diesen Tätigkeiten ließ er jedoch immer lautstark vernehmen, daß er Pazifist und nur deswegen auf dem Schlachtfeld zu finden sei, weil er seine Seelen, wie er die Soldaten nannte, nicht ohne Beistand lassen wollte. Aber niemals versuchte er, im Sinne der Machthaber und Kriegstreiber zu agitieren. Sein Empfindungskörper war stabil und deswegen auch unbeeinflußbar von Strömungen, die gegen das Christus-Prinzip arbeiteten. Jeder, der sich in diese Richtung entwickelt hat, wird unter den Vorkommnissen der letzten Monate gelitten haben. Ich habe in dieser Zeit auch beobachtet, daß die gesundheitliche Verfassung zahlreicher, mir bekannter Menschen sich auffallend verschlechterte. Das ist der Preis, den man momentan für eine entwickelte Empfindungsseele und ein bewußtes Teilnehmen an den Schwingungen des Kollektivs zu bezahlen hat. Der einzige Schutz gegen eine solche Destruktion ist ein Zusammenschluß der Andersdenkenden, Wissenden, die mit geeigneten Mitteln gegen die Zerstörung vorgehen.

Ich freue mich unendlich, daß die anfänglich viel belächelten Friedensdemonstrationen immer mehr Zulauf bekommen. Jedoch fehlen, wie in fast allen Bereichen, auch hier die Vorbilder und Anführer, die aus Ur-Wissen, historischer Bildung, eingehender Kenntnis der gegenwärtigen polititschen Situation und intuitiver Voraussicht heraus die Energie der Menge in die rechte Bahn lenken können. Eine Friedensdemonstration mit auch nur den geringsten Anzeichen von Gewalt, Fanatismus und Aggression ist genauso schlimm wie der Krieg selbst.

Ich zitiere in diesem Zusammenhang C. G. Jung: »Ein Gruppenerlebnis findet auf einem tieferen Bewußtseinsniveau statt, als wenn es individuell erlebt wird. Es ist eine Tatsache, daß, wenn viele Menschen zusammenkommen und sich in einem gemeinsamen Gemütszustand vereinigen, eine Gesamtseele aus der Gruppe hervorgeht, welche unter dem Niveau des einzelnen steht. Wenn eine Gruppe sehr groß ist, entsteht eine Art gemeinsamer Tierseele. Der einzelne in der Gruppe wird leicht ein Opfer seiner Suggestibilität.«

Darin liegt die Gefahr undisziplinierter, von keiner wirklich qualifizierten Persönlichkeit geleiteter Demonstrationen. Da mag die kollektive Grundidee und Motivation noch so gut sein. Je größer die Masse, desto größer und intensiver das morphische Mentalfeld, das sie erzeugt. Kongruent steigt die Spannung, es entsteht Energie, die Entladung sucht. Energie ist Energie ist Energie. Einmal entstanden, sucht sie eine Möglichkeit, sich zu entladen, eine neue Form zu finden. Was Demonstrationen betrifft, können nur solche von Erfolg gekrönt sein, welche von Persönlichkeiten angeleitet werden, die wissen, mit diesen neuentstehenden Energien verantwortungsvoll umzugehen. Dieses Land braucht keine neuen Männer, und noch weniger neue Frauen. Es braucht Vorbilder.

Ohne Vorbilder gibt es ebenfalls keine »vorbildliche« Ausbildung der Empfindungsseele. Nur mit Liebe allein werden wir die Probleme, vor allem die unserer Jugend, wohl nicht lösen. Das Gefühl und auch der Verstand brauchen eine Orientierung, eine Ab-Sicht, eine Zielrichtung, von der nicht nur dauernd geredet werden sollte, sondern die auch vorgelebt werden muß.

Die Rolle eines Vorbildes ist wohl die bitterste und forderndste, welche unser Welttheater zu vergeben hat. Denn nicht nur, daß derjenige alle vorher erwähnten Voraussetzungen haben muß, er muß dazu noch rhetorisch begabt sein, bereit zum Verzicht, selbstlos, uneitel und frei von Machtanspruch.

Es ist anzunehmen, daß der Dichter Vaclav Havel wohl auch lieber in vornehmer Zurückgezogenheit seinem Talent gefrönt hätte und seine Einstellung mit wortgewaltigen Veröffentlichungen seiner Schriften demonstriert haben könnte. Wer die Briefe an seine Frau, geschrieben während seiner Gefangenschaft, gelesen hat, der weiß, daß in diesem hochdenkenden, subtil beurteilenden und charakterlich fein strukturierten Geist nichts enthalten ist, was an die politische Führungsposition drängt. Und trotzdem hat er sich der Pflicht gefügt. Wo ist unser Vaclav Havel?

Ein starkes Vorbild macht auch die anderen stark, stärkt deren Empfindungsseele und damit den ganzen Emotionalkörper und dessen Ausdrucksfähigkeit. Wie sich die Akzeptanz von Mentalfeldern auf einen Menschen auswirken kann, werde ich versuchen, Ihnen am Beispiel der Beziehung François Truffaut – Jean-Pierre Léaud zu demonstrieren.

François Truffaut suchte vor mehr als dreißig Jahren einen kindlichen Darsteller für die Hauptrolle in dem Film *Sie küßten und sie schlugen ihn*. Er fand ihn in dem damals 14jährigen Jean Pierre Léaud, der den großen Regisseur hingebungsvoll bewunderte und liebte und mit ihm über lange Jahre in enger Verbundenheit zusammenarbeitete. Sehen Sie sich bitte das in dem Jahr 1968 entstandene

Abb. 5

Foto von Truffaut und Léaud einmal an. Das könnten nicht nur Vater und Sohn sein. Das könnten zeitverschobene Zwillinge sein. Die Ähnlichkeit ist beinahe schauerlich. 10 Jahre zuvor hatten sich die beiden zum ersten Mal gesehen. In diesen 10 Jahren hatte also diese Transformation stattfinden können. Sie war so auffallend, daß französische Kritiker Jean-Pierre Léaud als Medium bezeichneten. Er selbst bezeichnete es als »un peu de mimetisme«, also eine Anpassungsfähigkeit, die wir im Tierreich als Schutzfärbung kennen. Denken Sie an das Chamäleon, es paßt sich an, es »schauspielert«. Nebenbei-Facit: ein guter Schauspieler ist also nicht der, der sich selbst unentwegt in Szene setzt, sondern der, der sich in immer neue Personen hineinverwandeln kann. Denken Sie bitte an Sir Lawrence Oliviers *Richard III.* Würde man es Ihnen vorher nicht sagen, niemals würden Sie in dem hinkenden, buckligen, stechäugigen Zwerg den hochgewachsenen Olivier erkennen. Das ist Schauspielkunst, und alles andere ist eine mißverstandene und aus diesem Grund völlig zu Unrecht hochgejubelte Profilneurose.

Wie bei allem Guten auf dieser Welt kann auch hier ein Zuviel von Übel sein und in eine Abhängigkeit treiben, die ein Entstehen einer Eigenpersönlichkeit äußerst erschwert, wenn nicht unmöglich macht.

Ein solches Beispiel konnte ich in meiner engsten Umgebung beobachten. Ein junger Mann, der in seiner Kindheit von der Liebe seines Vaters etwas unterversorgt war (milde gesagt), fand eines Tages heraus, daß dieser den Sänger Udo Jürgens bewunderte. Da er selbst musikalisches Talent besaß, fing er nun an, sich diesen als Vorbild zu nehmen, mit dem unterbewußten Gedanken: Wenn Vater Udo liebt, dann wird er mich lieben, wenn ich bin wie Udo. Damit nahm das Verhängnis seinen Lauf. Der Junge hätte an und für sich höchstwahrscheinlich die Möglichkeit gehabt, ein wirklich guter Konzertpianist zu werden. So aber fing er an, Herrn Jürgens bis in alle Feinheiten zu imitieren. Heute ist dieser inzwischen 30jährige

Mann der Udo-Jürgens-Imitator schlechthin. Nicht nur, daß er genauso geht, eine ähnliche Physiognomie entwikkelt hat und einen völlig ähnlichen Kompositionsstil betreibt. Wenn er singt, hat man tatsächlich das Gefühl, da sitzt Herr Jürgens vor 25 Jahren am Klavier. Als vor drei Jahren Original und Kopie im Leben aufeinander trafen, war Udo Jürgens von dieser Darbietung so beeindruckt, daß er sich in einer Fernsehshow mit seinem Double zusammen an ein Klavier setzte. Der Eindruck war ähnlich wie auf obigem Foto von Truffaut und Léaud.

Ein Schallplattenproduzent, der das Talent erkannte, wollte dem jungen Mann daraufhin eine Chance geben. Doch er mußte kapitulieren angesichts der Unfähigkeit des Künstlers, auch nur einen Ton anders zu singen als Udo Jürgens. Das Problem ist, daß der Bedarf an Udo Jürgens durch Herrn Jürgens selbst hinreichend gedeckt ist. Man braucht also keinen zweiten. So kann der Segen eines Vorbilds zum Fluch werden. Hier hat sich die Empfindungsseele überlagern lassen, und es ist eine sogenannte »Veilance«, eine Verschleierung, entstanden.

Mit den Empfindungsseelen ist es wie mit der Liebe: ohne Verstehen und Begreifen, also ohne Urteilsfähigkeit, können hier keine konstruktiven Ergebnisse entstehen.

Kommen wir also jetzt zur Verstandesseele, die derselben sorgfältigen Ausbildung bedarf, wie die Empfindungsseele. Verstand hat gegenüber Empfindungen den Nachteil (oder ist es ein Vorteil), daß er, für sich allein betrachtet, gefühllos und ohne Charakter ist. Er erlernt, kombiniert, begreift, sortiert, wägt ab, sammelt Erfahrung, beobachtet.

Betrachten wir also die Angelegenheit zunächst einmal völlig kühl. Je mehr ich in einen Computer hineinfüttere, desto größer ist das Gesamtprogramm. Das Problem ist nur – wir sind keine Computer, obwohl momentan alles getan wird, um das Gegenteil zu beweisen.

Der Mensch wird inkarniert mit einer Absicht und einem Ziel. Niemand kommt ohne Auftrag auf diesen Planeten. Es gilt also, Empfindungen und Verstand so gekonnt zu kombinieren, daß wir auf dieser Basis, mit dieser Grundlage, ein klares Bewußtsein entwickeln können.

Um auf diesem Planeten Erde überhaupt existieren zu können, braucht man ein allgemeines Grundwissen, das dem Menschen ermöglicht, sich in der Umgebung, in der er lebt, zurechtzufinden, zu behaupten und nützlich zu machen. Die Art und Weise, wie ein Mensch mit dem allerersten Allgemeinwissen umgeht, läßt uns schon früh Schlüsse über seine Intelligenz, seine Talente und Begabungen ziehen. Woher kommt es, daß ein Kind mit den Anfangsbegriffen des Lesens, Schreibens und Rechnens leichter zurechtkommt als das andere? Es liegt am Ich-Bewußtsein. Ein Kind mit unvollkommenem Ich-Bewußtsein kann nicht speichern, weil es die Dinge, die man es versucht zu lehren, in keinen Bezug zu sich selbst bringen kann. Wem es nicht gelingt, aus Erlerntem Ich-Bezüge zu erhalten, ist immer ein schlechter Schüler, da das Lernen an und für sich für ihn keinen »Sinn« hat.

Wie schnell wird ein Kind oft als unbegabt, geistig schwerfällig, zurückgeblieben und sogar als behindert bezeichnet, wo der Mangel in nichts anderem zu suchen ist, als in dem nicht erweckten Ich-Bewußtsein. Ein Beispiel dazu möchte ich direkt aus Rudolf Steiners Leben heranziehen, der am Anfang seiner Laufbahn ja als Erzieher und Lehrer tätig war. Die Ergebnisse dieser Bestätigung können wir in mehreren seiner Schriften finden, wie zum Beispiel in *Die Erziehung des Kindes vom Gesichtspunkt der Geisteswissenschaften.*

Besondere Erkenntnisse bezog der junge Rudolf Steiner aus seinem engen erzieherischen Umgang mit einem 10jährigen Jungen, der an Hydrocephalitis litt, und dessen Familie den Glauben an eine geistige Ausbildung des Kindes bereits verloren hatte. Steiner schaffte es, aus diesem bereits aufgegebenen Kind einen Gymnasiasten zu machen, der nach der Reifeprüfung Medizin studierte. Auf die Frage, wie der Anthroposoph diese Leistung vollbracht hat, gibt es nur eine Antwort: Steiner hatte die Einzelfunktionen von Körper, Seele und Geist begriffen und war so in der Lage, das Zusammenwirken dieser drei Komponenten zu fördern. Er ging davon aus, daß die Seele dieses äußerlich benachteiligten Kindes nicht intensiv mit dem Körper verbunden war, und die vorhandenen Begabungen deswegen nicht zum Ausdruck gebracht werden konnten.

Bezeichnend für die Betreuung war, daß Steiner das Hauptgewicht zunächst auf die Entwicklung der Empfindungsseele legte, in seinem Schüler die Gefühle der Zuneigung, Sympathie, des Vertrauens und der Bewunderung weckte. Ohne diese Basis hätte niemals ein Erfolg erzielt werden können. Danach fing er an, das Kind in einer individuell erstellten Einteilung die verschiedensten Fächer zu lehren, in pädagogischer Maßarbeit die Seele des Kindes so zu aktivieren, daß sie sich letztendlich vollkommen mit dem Körper verbinden konnte. Das heißt: das Ich-Bewußtsein wurde geweckt und in die richtigen Bahnen geleitet.

Was wäre aus diesem Kind geworden, hätte es Steiner nicht gegeben? Was wird aus zahllosen Kindern, weil die wirklich berufenen Pädagogen eine absolute Minderheit darstellen? Unser Schulsystem ist immer gnadenloser geworden. Punktesysteme müssen erfüllt werden, Leistung muß schematisch erbracht werden, der Schüler hat zu funktionieren. Eine große Illustrierte veröffentlichte vor einigen Jahren eine Umfrage bei Jugendlichen, die das Allgemeinwissen vor allem in Richtung Literatur, Kunst, Geisteswissenschaften betraf. Das Ergebnis war, schlicht gesagt, erschütternd. Das Ergebnis ist, daß Menschen ins Leben entlassen werden, deren Ich-Bewußtsein mangelhaft und unbegriffen ist.

Ich kann es mit Zahlen nicht benennen, wie oft Menschen verschiedensten Alters zu mir sagten: Ich weiß nicht, wer ich eigentlich bin, was ich hier soll, was meine Aufgabe ist. Sie waren alle ver-zwei-felt. Mit dieser Aussage gaben sie nichts anderes zu verstehen, als daß sie nicht in der Lage waren, Körper, Geist und Seele in Harmonie zu vereinen. »Unruhig ist mein Herz, bis es ruhet in Dir, o Herr ...« Unruhig ist der Mensch, bis er Körper, Seele und Geist in Harmonie, in eine ausgewogene Balance gebracht hat, die es ihm ermöglicht, an den göttlichen Energien teilzuhaben. Der Vermittler zu diesen universell und ewig wirksamen Energien ist der sogenannte Schutzgeist, dessen Kontaktaufnahme nur dann gelingen kann, wenn die vorher genannten Voraussetzungen erfüllt sind.

Sie, der Sie Leser dieses Buches sind, haben wahrscheinlich die Zeit der Jugendjahre bereits hinter sich gelassen, und natürlich werden Sie nun die Frage stellen: Wie kann ich, der ich heute 26, 37, 48, 62 Jahre alt bin, diese Harmonie erreichen, um zur Vollkommenheit zu gelangen. Der Trost sei Ihnen gesagt: Es ist nie zu spät.

Zuallererst ist es wichtig, daß Sie lernen, Ihre Gefühle zu erkennen und zuzulassen. Wie oft ist uns gesagt worden, daß wir uns beherrschen sollen, zusammennehmen, die anderen nicht belästigen sollen.

Wie soll ich mich denn beherrschen, wenn ich nicht einmal weiß, was ich beherrschen soll, wenn ich mich selbst nicht kenne? Ein nicht bewußter, nicht harmonisierter Mensch ist immer unsicher, nicht ausdrucksfähig und nicht optimal reaktions- und urteilsmächtig, vor allem, was seine eigenen Belange angeht.

Wenn ich nicht weiß, wie ich mit mir selber umzugehen habe, woher soll dann die Sicherheit im Umgang mit anderen kommen? In zahllosen Briefen haben mir Menschen geschrieben, daß sie um Hilfe zu ihrem Schutzgeist, zur Mutter Maria oder zu Jesus und allen Heiligen gebetet haben, aber »man hat mich allein gelassen«.

Mit dem Gebet ist es wie mit der Liebe. Allein von Lieben und Beten kommt leider nichts. Hilf dir selbst, dann hilft dir Gott, so heißt es. Es wird also Initiative verlangt. Woher aber nehme ich die Kraft für Initiative, wenn mir die Motivation fehlt, vor allem, wenn ich nicht weiß, wohin. Wohin führt mein Weg, wie bringe ich mein »Ich«

auf dieser Erde in die richtige Bahn, zum r-ich-tigen Ausdruck?

Die Lösung des Problems kann nur in einer Erkenntnis unserer rationalen und sensuellen Veranlagungen und Möglichkeiten gefunden werden. Eine lebenstüchtige Bewußtseins-Seele kann nur auf dieser Basis erarbeitet werden.

Nehmen wir einmal alle in diesem Bezug genannten Begriffe wahllos zusammen. Da war die Rede von: Instinkt, Gefühl, Emotion, Intellekt, Verstand, Intuition, Willen, Kombinationsfähigkeit, Urteilsfähigkeit, Liebe, Harmonie, Erinnerung, Erfahrung, Unterbewußtsein, Überbewußtsein, Gedanken, Spiritualität – und all diese Begriffe, zusammengenommen sollen sie nun ein harmonisches Ich ergeben, eine selbst-verständliche Persönlichkeit. Man könnte, angesichts dieser Anforderung, den Mut verlieren.

Lassen Sie sich nicht verunsichern. Dazu haben wir alle miteinander inkarniert, um diesen gordischen Knoten zu entwirren und zu einem homogenen Gewebe werden zu lassen. Nehmen wir noch einmal die Kabbalah zu Hilfe, nur dahingehend, daß wir eine Ahnung bekommen, wie der Aufbau von Empfindungen, Verstand und Bewußtsein aussehen könnte.

Sehen wir uns also nochmal unser, in vier Welten eingeteiltes Menschlein an, und versuchen wir einmal, die Begriffe seiner sensuellen und rationalen Funktionen seinem Körper zuzuordnen.

Das, was Sie hier sehen (Abb. 6), ist nicht weniger als der seelisch-geistige Stammbaum des Menschen, der Baum des Lebens. Wir könnten die vorher genannten Welten nun auch benennen mit:

I Ich bin
II Ich weiß
III Ich fühle
IV Ich ahne

Beschäftigen wir uns zunächst mit den unteren Regionen, also mit allem, was dem Instinkt und dem Un-

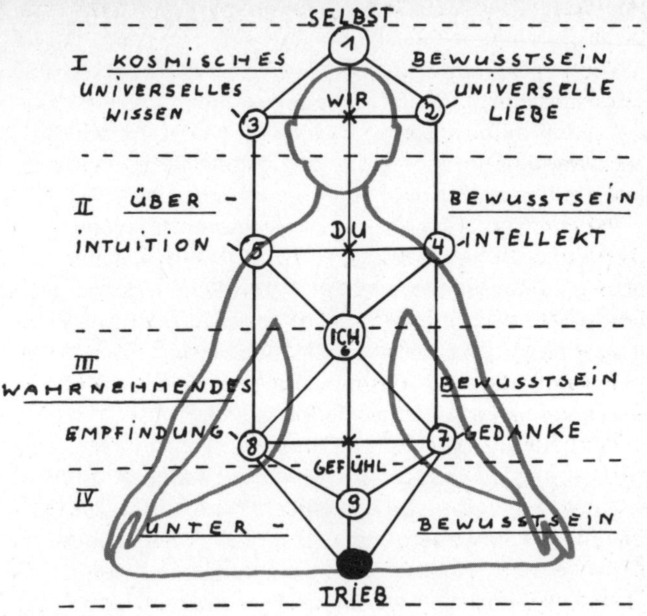

Abb.6

terbewußtsein zuzuordnen ist. Dazu ist es wichtig, noch einmal auf das Thema Inkarnation zu kommen. Dazugehörige Frage: Wie weit sind Sie eingefleischt? Ein scheußliches Wort, ich gebe es zu. Aber momentan geht es nicht um stilistische Schönheit, sondern darum, Bewußt-Sein zu wecken. Wir kennen den eingefleischten Junggesellen, eingefleischten Sozialisten (Kommunist, Demokrat, usw.), eingefleischten Atheisten. Eingefleischt heißt nichts anderes als unveränderlich, unverbesserlich sein. In carne – In-carnation – im Fleisch – eingefleischt – menschgeworden. Erinnern Sie sich noch, als wir vorher festgestellt haben, daß die Materie, in diesem Falle also das Fleisch, starr, träge, faul, nur schwer zu verändern ist. Die dem Fleisch am meisten verbundene Welt ist die Welt des Instinkts, gefolgt von der Welt des Unterbewußtseins.

Wenn wir also dem Fleisch, der Unter-Welt der Gefühle nicht ausgeliefert, in ihr gefangen (eingefleischt) sein wollen, dann müssen wir uns aus dieser Masse herausarbeiten. Das wird nur möglich sein, mit Hilfe der oberen Welten, zuallererst der direkt darüberliegenden Welt.

Wir müssen erkennen, wo wir unseren triebhaften Instinkten ausgeliefert sind, uns haben »gehen, fallen lassen«. Wo werden Sie gelebt und ab welchem Punkt leben Sie selber, also bewußt? Leben Sie selbst oder lassen Sie leben, das ist hier die Frage. Wie weit sind Sie sich bewußt, daß Sie praktisch in einem Leasing-Objekt, einem Mietobjekt hier über diese Erde wandeln?

Erinnern Sie sich noch an Ihre erste Fahrstunde, so Sie des Fahrens mächtig sind? Wenn Ihr Fahrlehrer gut war, wird er Ihnen als erstes beigebracht haben, daß das Auto macht, was Sie wollen, und nicht umgekehrt. Je blutiger ein Anfänger ist, desto mehr fühlt er sich dem Monstrum Auto ausgeliefert. Er kennt die Funktionen der zahllosen Hebel und Knöpfe nicht, die Eigenschaften der Maschine sind ihm fremd und so sieht die erste Fahrstunde zumeist mehr wie ein Kampf als ein friedliches Zusammenwirken aus. Fragen Sie doch einmal einen Rennfahrer, ob er Probleme mit dem Autofahren hat. Oder sehen Sie sich selber an nach 10 Jahren Autofahren. Da werden Sie in Erinnerung an Ihre erste Fahrstunde nur milde schmunzeln können.

Sie werden es nicht glauben: Genauso geht es uns mit unseren Inkarnationen und Reinkarnationen. Wir müssen lernen, mit dem Miet-Objekt Körper richtig umzugehen, seine Eigenschaften zu begreifen, das Zusammenspiel seiner Einzelteile, pardon, Organe, zu kennen und seine Pflege zu beherrschen.

Ist es Ihnen schon einmal passiert, daß Ihre Hupe hängen blieb und Sie laut tönend inmitten einer staunenden Autoschar weinend über Ihrem Lenkrad hingen? (Und es sprach kein technisch begabter Schutzengel ein erlösendes Wort??) Und geschah es dann vielleicht, daß ein milde lächelnder Mensch mit gezückter Zange für fünf Sekunden unter der Motorhaube verschwand und es ward stille im Gehäuse? Gewußt, wie – das war die Devise. Oder – viel Lärm um nichts. Wenn ich mich mit dem Auto nicht auskenne, dann ist der Vorfall im Moment des Geschehens eine Katastrophe. Würde ich wissen, daß ich nur ein einziges lächerliches Drähtchen zu durchtrennen habe, dann wäre die Panik in dem Moment geringer. Nur – ich weiß es eben nicht. Und deswegen ist das Problem in diesem Moment für mich scheinbar riesig – ein Automechaniker kann darüber nur lachen. So ist das Leben.

Es wird also höchste Zeit, daß Sie, sollten Sie es noch nicht können, auf der Stelle beginnen, sich zu informieren, wie denn dieses Vehikel, das wir Körper nennen, gebaut ist und wie die Handhabung vonstatten geht. Bitte, sagen Sie mir nicht, ich habe doch einen Hausarzt, eine Freundin die Heilpraktikerin ist, einen Trauzeugen der Psychiater ist oder ähnliches. Das interessiert erst sekundär.

Ich sage es einmal ganz ehrlich: Ich könnte mir die Haare raufen, daß ich erst vor ungefähr 10 Jahren (also 20 Jahre zu spät) anfing, mich um die physiologischen Vorgänge und Zusammenhänge meines Gefährt(en)s zu kümmern. Ganz zu schweigen von den psychologischen. Wie wäre mein Leben verlaufen, hätte man mich, hätte ich mich früher informiert. Ich würde meinen ganzen Handarbeitsunterricht (wie schneidert man ein Herrenhemd?!?) mit Handkuß für einen wirklich profunden Physiologie-Unterricht hergegeben haben. Niemand, aber auch wirklich niemand, wollte jemals im Leben von mir ein Kochhäubchen, gestrickte Strümpfe und gestickte Wandteppiche haben, ganz zu schweigen von Rüschenschürzen und gehäkelten Sesselschonern.

Leider, und ich sage es nochmals ganz laut, leider aber kann ich es. Warum? Weil ich es zwölf Jahre lang lernen mußte. Ich habe nichts dagegen, daß jemand zwölf Jahre lang diese sicher nützlichen Dinge erlernt, der sich zu dieser Betätigung hingezogen fühlt. Ich jedoch habe es lernen müssen, weil ich ein Mädchen war. Während mein Bruder Flugzeuge zerlegen durfte (oh Neid, unendlicher), mußte ich nadeln und fälteln. Nein, ich habe es nicht gehaßt. Ich habe es, was viel schlimmer ist, über mich ergehen lassen, in vollem Bewußtsein der vertanen Zeit. Dafür mußte ich dann zu nachtschlafender Zeit mich aus dem Bett quälen, um die, vor der normalen Schulzeit beginnenden, Wahlfachstunden für Stenographie und Eilschrift zu belegen, etwas, was jeder Mensch wirklich verwenden kann in seinem Leben, was mir gottseidank schon damals klar war.

Ich bin leider nicht informiert, wie es heute diesbezüglich an den Schulen zugeht. Ich hoffe jedoch, daß man erkannt hat, daß der normale Durchschnittsbürger, egal, ob Männlein oder Weiblein, im Leben nicht mehr braucht, was das Fach Handarbeit angeht, als zu wissen, wie man einen Zopf flicht, einen Knopf annäht, einen Saum wiederbefestigt und ein Loch in der teuren Tennissocke stopft. Das genügt! So aber habe ich schätzungsweise 1 000 Stunden meines Lebens für nichts verschenkt, nur weil die Beurteilungskriterien der pädagogischen Institutionen der damaligen Zeit total daneben waren.

Ich möchte nicht wissen, wieviele Stunden unseren Schülern heute noch gestohlen werden mit angeblich erforderlichem Wissenskram, der später in keiner Weise angewandt werden kann. Es gibt Wissen, das nicht tagtäglich verwendet werden kann, jedoch für die Schulung des Gehirns von ungeheurem Vorteil ist. Dazu gehören Sprachen, Naturwissenschaften, Geisteswissenschaften, Mathematik, und was der Erkenntnis der ewigen Gesetze dieser Welt und der Kommunikation noch dienlich sein kann. Alles andere sollte der freien Wahl unterliegen. Der freien Wahl, die einem geschulten Hirn entspringt. Ein geschultes Hirn ist in der Lage, zu differenzieren, zu beurteilen, zu erkennen und neue Erkenntnisse zu formieren. Hier sind wir wieder beim Kollektiv angelangt.

Wenn Sie also Zugang zum Kollektiv erlangen wollen, dann bleibt es Ihnen also nicht erspart, nachdem Sie erlernt haben, wie Körper und Psyche grundsätzlich funktionieren, unentwegt weiter Informationen anzufordern, zu sortieren und nach Bedarf zu speichern. Ein uninformierter Mensch ist ausgeliefert, kann gegängelt werden, unterdrückt und nach Bedarf beeinflußt, und damit an der Erkenntnis seiner Bestimmung gehindert werden.

Sie müssen sich heute entschließen, ob Sie gelebt werden wollen oder lieber selber leben. Es ist Ihre Entscheidung, Ihre In-Carnation. Ihre Lebensqualität hängt davon ab, wie weit und wie sehr Sie sich abhängig machen und machen lassen. Das betrifft Ihre Triebe genauso, wie Ihre Gefühle und Ihren Verstand. Alles ist eine Frage der Bequemlichkeit, eine Frage des Sich-Ergebens. Damit sind wir auch wieder einmal beim Karma angekommen. Es gibt einen Satz, den ich nicht mehr hören kann. Er lautet: »Das ist eben so, weil das mein Karma ist.« »Was Du billigst noch so fern ...« Sie sind heute das, was Sie akzeptiert haben.

Wenn Sie den Satz akzeptiert haben: »Der Mensch lernt nur durch Leid«, dann wundern Sie sich bitte nicht, wenn das Kollektiv antwortet: »Ja gut, wenn du meinst ...« Wie wäre es denn, wenn Sie ab sofort sagten: *»Nein*!!! *Ich* lerne *nicht* durch Leid. *Ich* lerne durch *Glück, Erfolg, Schönheit, Liebe, Gesundheit* und *Wohlstand*. Ich weiß, daß nach dem Gesetz der Polarität mir auch anderes widerfahren wird. Grundsätzlich mache ich jedoch hiermit bekannt, daß ich nur lerne durch: siehe oben.«

Probieren Sie es doch einmal aus. Werden Sie doch einmal ein bißchen renitent.

Die Worte, die ich eben vorher kursivgedruckt erwähnt habe, bergen in sich eine eigene Energie, auch in dem Moment, wo man sie ausspricht. Also benutzen Sie diese Energie einmal eine Zeit lang. Sprechen Sie diesen vorher genannten Satz ein paar mal am Tag in vollem Bewußtsein aus und Sie werden feststellen, daß diese kleine böse Stimme im Hinterkopf, die anfänglich noch flüstert »nein, nicht für dich, das bekommen die anderen«, immer leiser wird, bis sie schließlich verstummt.

Noch ein Tip, der von meiner Freundin Iris stammt. Sagen Sie nie wieder zu jemandem: »Ich wünsch Dir was!« Sondern drücken Sie klar aus, was dieses »was« denn sein soll. Und wenn Sie dem Angesprochenen wirklich was Gutes tun wollen, dann sagen Sie bitte die magischen Worte: Ich wünsche Dir *Glück, Gesundheit, liebevolle Kinder, Lebenskraft, Freude* oder was immer Ihnen noch an Schönem im Moment einfällt. Verbinden sie Ihren Wunsch mit Bewußtsein. Das ist es, worauf die universelle Energie reagiert und damit das sogenannte Karma. Fangen Sie an, bewußt zu leben, zu reagieren, wahrzunehmen, zuzuhören und auch – bewußt abzuschalten, wenn Ihnen danach ist. Hier beginnt die bewußte Schicksalsgestaltung.

Sie sind solange ausgeliefert, solange Sie alles über sich ergehen lassen, willig annehmen, ohne abzuchecken, was es denn eigentlich ist, was Sie bereit sind, zu akzeptieren und anzunehmen.

Nein, das kollidiert *nicht* mit »Dein Wille geschehe«. Denn der Wille des Herrn war es nicht, auf dieser Erde unbewußte, in alles ergebene Wesen in animalischen Leasing-Objekten dahinvegetieren zu lassen. Wie hätte der Herr sonst einst sprechen können: Steh auf und kämpfe!

Es gibt eine Form der sogenannten Esoterik, die ich ablehne. Es ist dieses scheinbar demütige, fatalistische Hinnehmen von allem und jedem, mit der Ausrede, ja, das ist eben mein Schicksal. Ganz richtig! Dann ist es wirklich Ihr Schicksal. Demut ist etwas ganz anderes. Demut hat zu tun mit der Erkenntnis der Mächtigkeit des einzelnen, des Ich und damit wiederum mit dem Bewußtsein des Dienens dieser Mächtigkeit der ganzen, der großen Sache. Lesen Sie doch einmal das Theaterstück *Becket oder die Ehre Gottes* von Jean Anouilh, welches als Taschenbuch erhältlich ist. So, wie dieser Becket ist, das ist Demut, und alles andere ist billiges Geheuchel. Und dem Herrn ein Greuel. Ihrem Schutzgeist übrigens auch, wenn wir schon von Alltag und alltäglichem Umgang mit unseren Beschützern reden.

Sie haben bei Ihrer Inkarnation eine hohe Begleitenergie angefordert, entsprechend der hohen Absicht, die Sie bewogen hat, überhaupt zu inkarnieren. Gepaart ist diese personifizierte Begleitenergie mit der Energie Ihres Gruppenherrn, von dem Sie so viele Anteile in sich tragen, so weit Ihr Identifikations-Bewußtsein reicht. Solange Sie heucheln, schönreden, den Weg des geringsten Widerstandes suchen, solange kann diese Energie nicht wirksam werden. Sie haben keine Chance, wenn Sie nicht lernen, die Dinge zu erkennen und in den entsprechenden Zusammehang mit s-Ich zu bringen. Du mußt lernen, die Zeichen zu erkennen ... Erinnern Sie sich?

Diese Aufforderung ist wie ein Brandmal. Lerne, erkenne, deute, werde bewußt, werde nützlich, werde verantwortungsbewußt, werde ur-teils-fähig.

Wieder die Stimme aus dem Hintergrund: »Aber ich habe schon alles versucht, ich habe meditiert, Reiki gemacht, Tarot gelegt, gependelt, ein Futon gekauft, Yogi-Tee getrunken, eine Bach-Blüten-Therapie gemacht, Bauchtanz und Feuerlaufen gelernt, einen Rutengänger kommen lassen und eine Pyramide über mein Bett gehängt. Aber mein Schutzgeist hat sich nicht gemeldet.« Lachen Sie nicht. Das alles habe ich zu hören oder in Briefen zu lesen bekommen. Warum denn in die Ferne schweifen, wenn das Gute liegt so nah?

Eines Tages saß ich mit meiner Mutter und ein paar Freunden, darunter auch einer afrikanischen farbigen Krankenschwester, in einem Restaurant. Es kam der Rosenverkäufer. Eine der Damen blickte auf und holte schon Atem, um Order zu geben. Im selben Moment sagte die Krankenschwester ganz ruhig: »Brauchst Du eine Rose?«

Brauchst Du einen Futon, eine Pyramide auf dem Kopf oder überm Bett, einen Bergkristall auf dem Bauchnabel und das magische Amulett auf der Brust, oder brauchst Du das alles nur, weil Du mit Dir selbst allein nichts anfangen kannst? Weil Du Dich nicht ge-brauchen kannst? (Fünf Minuten Nachdenken, bitte.)

Lernen Sie doch einmal, mit der täglichen Informationsbank bewußt umzugehen, was ein tages- und abendfüllendes Programm sein kann. Und wenn Sie sich dann vielleicht mit einem schönen Stein, einem neuen Bett oder ätherischen Ölen eine Freude machen wollen, dann sei es Ihnen von Herzen gegönnt. Aber fragen Sie sich immer, bei vollem Bewußtsein: Brauche ich es wirklich, oder habe ich die Äußerlichkeiten nur deshalb nötig, weil es mit der Innerlichkeit wieder mal nicht klappen will? Eine sehr unbequeme Überlegung, ich gebe es zu. Aber eine Überlegung, die Ihr Bewußtsein hilfreich beeinflussen wird.

Wenn wir das Bewußt-Sein als integrierten Bestandteil unserer Persönlichkeit und unseres Lebensstils erarbeitet haben, dann könnten wir nun vorsichtig und langsam anfangen, uns über die Welt zu unterhalten, die über den Empfindungen, den Gefühlen, dem Verstand und dem Intellekt liegt. Die Welt, die die eigentliche Heimat unserer geistigen Führer und Beschützer ist, die Welt der Gleich-Gültigkeit, der Gesetze. Es ist das Ziel eines jeden Inkarnierten, sein Bewußtsein so weit zu veredeln und zu steigern, daß er Zugang zu den Energien dieser Dimension erhält. Die Voraussetzung dazu ist, daß meine eigenen geistigen Energiefelder zumindest im Ansatz eine ähnliche Schwingung aufweisen wie diese Welt Briah sie beinhaltet.

Wie erhalte ich nun diese Schwingung, diese Färbung meiner Felder? Die Antwort ist: Indem ich, immer und immer wieder, meine ursprüngliche Absicht klarstelle. Meine ursprüngliche Absicht war nicht, Geld, Ruhm und Ehren zu raffen, meine Existenz und mein Revier zu sichern und ein bequemes Leben zu haben, sondern edel, gut und hilfreich zu sein. Das sollte das primäre Bestreben des Menschen sein, das immer wieder geweckt und bestärkt werden muß.

Ich kenne eine ganze Reihe von Menschen, die gut,

edel und hilfreich sind. Aber leider nur, solange es ihnen gutgeht. Kaum setzen Lebensphasen sein, die mit Verzicht und Forderung zu tun haben, schon werden die Betroffenen im wahrsten Sinn des Wortes »stinksauer« und fangen an, mit Gott und ihrem Schutzengel zu hadern, was die Umwelt dann auch tagtäglich zu spüren bekommt. Nach dem Motto: Wenn man mich für meine Mühen nicht belohnt und zu mir nicht nett ist, warum soll ich dann nett zu den anderen sein.

Solche Phasen sind immer Prüfungssequenzen, die die wirkliche Schwingungsqualität eines Menschen feststellen. In Zeiten wie diesen stellt sich heraus, ob jemand »poolfähig« ist oder nicht. Die Eintrittsbedingungen sind sehr hart, aber zu Ihrer Beruhigung sei Ihnen gesagt: Wer es ein einziges Mal geschafft hat, hineinzukommen in diese Energie, der schafft es immer wieder und verliert nur in den seltensten Fällen dieses Privileg. Denn jeder, der mit der Briah-Energie gleichzieht, hat das Grund-Sätzliche begriffen, und zwar für immer.

Diese Energie verlangt vom inkarnierten Menschen nicht mehr und nicht weniger, als im Glauben fest zu sein. Einmal an die Energie von Briah herangekommen, gibt es kein Wenn und Aber mehr, denn dort regiert das universelle Gesetz und die universelle Liebe, die Diskussionen überflüssig machen. Es ist, was es ist, sagt die Liebe (Erich Fried). Aus! Es ist, was es ist, sagt das Gesetz (Penny). Auch aus! Dazu gehört, daß Sie sich bemühen, Liebe und Gesetz für sich allein, und dann im Zusammenhang zu begreifen. Wenn Sie das schaffen, dann sind Sie urteilsfähig. Eine unbezahlbare Errungenschaft.

Was ist Liebe? Liebe ist gleich-gültig sein, und zwar ohne Ausnahme. Was ist Gesetz? Lesen Sie die 10 Gebote, und Sie brauchen nicht mehr zu fragen. Das BGB des Universums ist kurz und bündig: Es gibt eine Ur-Sprungs-Energie, aus der wir alle hervorgegangen sind. Und diese Ur-Sprungs-Energie wünscht nicht, daß ihre Ur-Absicht mißbraucht wird. Zuwiderhandeln führt zu Destruktion.

Je früher diese Forderung erkannt und befolgt wird, desto leichter wird der Zugang zur Kollektivenergie von Briah. Der vorher gezeigte Baum des Lebens hat einen Mittelpunkt, Tiphereth genannt, der die Emanation des Schönen und der Harmonie ist. Dieser Punkt ist der einzige, der mit allen anderen in Verbindung steht und auch stehen muß, denn dieser Punkt birgt in sich das Ur-Sprungs-Wissen, die Ur-Sprungs-Absicht, das R-Ich-tige.

Es gäbe, wenn man wollte, also durchaus eine Instanz, die imstande ist zu sagen, was gut, schön, edel und hilfreich ist und was nicht. Das heißt jetzt nicht, daß das Böse, Schlechte und Selbstsüchtige nicht auch eine Daseinsberechtigung hätten, denn wie sonst könnten wir Inkarnierten uns sonst entscheiden, bar jeden Gegenpols. Das enthebt uns aber nicht der unangenehmen Aufgabe, irgendwann Stellung zu beziehen, den Mund aufzumachen und laut zu sagen: Das ist nicht in Ordnung! Und wenn 50 Leute danebenstehen und alles wunderbar finden, oder von mir aus auch eine ganze Nation, dann muß noch immer der Mut vorhanden sein, dieses Tiphereth zu leben. Ein solcher Mensch hat Briah-Qualität und sollte als Vorbild dienen oder als Lehrer wirken. Doch davon haben wir schon gesprochen, und ich werde mich nicht wiederholen.

Um diesen Punkt Tiphereth in seiner ganzen Größe zu begreifen und zu erfassen, ist die Arbeit unzähliger Inkarnationen nötig, die Erfahrungen der ganzen Gruppe und die Unterstützung der Gruppenherren. Und vor allem – die Unterstützung unserer persönlichen Begleit- und Schutzenergien, auch Schutzengel genannt. Wie oft haben Sie gehört und gelesen: »Doch dann sagte eine innere Stimme ...« und es auch selbst gefühlt, dieses innere Wahr-Sagen. Diese Informationsenergie läuft über Tiphereth, also über das bewußte Ich und wird ausgesendet von den sogenannten Schutzgeistern. Aber wie bereits gesagt: Wenn kein bewußtes Ich vorhanden ist, dann kann die Information nicht entschlüsselt werden. You are as good as ... Es muß also Ihr Ich trainiert werden, damit der Kontakt besser funktionieren kann.

Es gibt, ich weiß nicht wieviele Methoden, die angeblich das Ich in höhere Bewußtseinsstufen katapultieren. Vom Singen von ganz bestimmten Mantras bis zur Transzendentalen Meditation besteht ein riesengroßes Angebot an Möglichkeiten der Bewußtseinsfindung, der Selbst-Findung. Nun, wer mich kennt, der weiß, daß ich ein Mensch bin, der gerne mit den bereits bestehenden Möglichkeiten arbeitet, also mit Dingen, die im materiellen oder geistigen Bereich bereits vorhanden sind und ausgearbeitet werden können. Das geschieht nicht nur aus rein praktischen Überlegungen heraus, sondern kommt auch daher, daß ich gerne baldige Ergebnisse sehe. Mit geistiger Reifung ist es wie mit der Miete am Ersten. Ich brauche sie nicht 18 Tage später, sondern am 30. jeden Monats. Und meine Einteilung muß so kalkuliert sein, daß dieser Ablauf des Finanziellen gewährleistet ist.

Ich rede gerade nicht von der berühmten Erleuchtung. Die kann natürlich nicht kalkuliert werden. Aber ich bin der Ansicht, daß eine geistige Schulung genauso konsequent verfolgt werden kann, wie die finanzielle Kalkulation des monatlichen Bedarfs. Es gibt, was geistige Schulung betrifft, Erfahrungswerte, die einen Lehrer befähigen, bestimmte Abläufe zu timen. Wenn ich heute eine Klasse von 30 bis 40jährigen im Jazz-Ballett trainiere, dann weiß ich nach spätestens einer halben Stunde, ob Frau Meyer in der dritten Reihe in der Lage ist, ohne Muskelzerreißproben einen Spagat hinzulegen oder nicht. Wenn nicht, bin ich als Lehrer fähig, die Frau, wenn der Wunsch besteht, so zu trainieren, daß sie in einem bestimmten Zeitabschnitt dieses Übungsprogramm mithalten kann. Wenn sie die vorbereitenden Übungen gewissenhaft durchführt, kann man aufgrund von Erfahrung sagen, daß die Frau in zwei Monaten so weit sein müßte.

Warum sollte es mit einem geistigen Übungsprogramm anders sein? Man kann doch auch jemandem in zwei

Monaten eine Sprache beibringen oder in zwei Jahren die Grundbegriffe des Klavierspiels oder des Karate. Deswegen haben mich Übungen, die den geistigen Bereich betreffen und deren Ergebnis nicht abzusehen war, immer etwas mutlos gemacht. Irgendwann fing ich an, meine eigenen Übungen zu entwickeln.

Nehmen wir das Beispiel Meditation. Da hieß es immer: Du mußt Dich versenken, ganz still werden, Dich sammeln, Deine Mitte finden. Ich versuchte, und versuchte und suchte meine Mitte und fand sie nicht. Immer wieder mußte ich an dieses urkomische Lied *Nothing* aus dem Musical *Chorus Line* denken, wo ein Schauspiellehrer seinen Schülern blödsinnigste Übungen andient, wie zum Beispiel, sich als Eisblock zu fühlen und zu schmelzen. Frage: Was hilft es mir als Desdemona, wenn ich weiß, wie ein Eisblock sich beim Schmelzen fühlt? Ich muß doch eher nachvollziehen können, wie sich die verzweifelte Ehefrau eines eifersüchtigen, dazu noch farbigen Ehemannes fühlen könnte. Das liegt doch eher in meinem weiblichen Gefühls-Nachvollzugsbereich. Was ich damit sagen will, ist: Warum muß ich meine Fähigkeiten denn mit artfremden Trainingsformen maltraitieren? Warum verwende ich nicht das, was ich sowieso in mir trage?

Als junge Frau hatte ich einen asiatischen Lehrer, der mich das Bogenschießen lehrte. Leider unterrichtete er mich nur ein knappes Jahr, dann kehrte er in seine Heimat zurück. Am Ende der letzten Unterrichtsstunde verbeugte er sich vor mir und dankte mir, daß ich ihm eine so gute Schülerin gewesen war, was mich einigermaßen beschämte. Dann sagte er, daß er mir zum Abschied ein Geschenk geben wolle. Ich gebe hiermit dieses Geschenk an Sie alle weiter. Er stellte sich ungefähr 20 Meter vor dem Ziel auf, hielt mit beiden Händen seinen Bogen senkrecht an die Brust, und so stand er gute drei Minuten völlig unbeweglich. Dann drehte er sich um und stand genauso lange mit dem Rücken zum Ziel. Schließlich griff er mit der rechten Hand über seine Schulter, holte einen Pfeil aus seinem Rückenköcher, legte an, spannte, drehte sich in einer gedankenschnellen Bewegung herum und schoß den Pfeil in die Mitte der Zielscheibe – mit geschlossenen Augen.

Was hatte er gemacht und vor allem, wie hatte er es gemacht? Auf die Gefahr hin, als infantiler Kinofilm-Fan abgestempelt zu werden, rate ich Ihnen jetzt, in die Videothek zu gehen und sich den Film *Karate-Kid II* auszuleihen. Da ist der Trick im Ansatz auch enthalten. Und übrigens nicht nur dieser. Was der Lehrer Miyagi seinem jungen Schüler Daniel in den sehr fragil und innig dargestellten Dialog-Szenen beizubringen versucht, hat hohen Allgemein-Informationswert. Die Szene, von der ich sprechen will, spielt sich im Garten des Asiaten ab. Nach einem etwas mißglückten Tanzvergnügen, in dessen Verlauf Daniels Freundin ihm den Laufpaß gab, versucht Miyagi seinen Schüler zu beruhigen, indem er ihm einen Hammer und einen Nagel in die Hand drückt, mit der Anweisung, diesen mit einem Schlag in ein Holzbrett zu befördern. Daniel ist von den Ereignissen der letzten Stunden jedoch noch so aufgewühlt, daß er es nicht auf einen Versuch ankommen lassen will. Daraufhin sagt Miyagi: »Wenn du fühlst, daß das Leben aus dem Focus gerät, dann kehre immer zurück zur Grundlage des Lebens: Atem. Kein Atem, kein Leben.«

Die Atemübung, die er ihm daraufhin zeigt, ist wunderschön und vor allem völlig logisch, also sofort funktionierend. Ich habe sie vor 25 Jahren bei meinem Lehrer ganz ähnlich gelernt. Doch um die Atemübung geht es mir im Moment nicht primär. Sondern primär geht es mir um die Aussage. Deinen Focus finden ... war die Anweisung. Und zwar nicht irgendwo in Dir, sondern mit dem, was das Leben schlechthin ist: Atem. Nimm das zu Hilfe, was mächtig ist, was das Leben ausmacht. Leben ist Atem. Also arbeite mit Atem. Ausatmen – Einatmen – Focussieren. Wenn Sie die Übung sehen wollen, holen Sie sich das Video. Schöner kann man es nicht zeigen. Und wenn Sie das Video schon haben, dann schauen Sie sich doch ganz am Anfang gleich auch noch den Kranichsprung an. Den zu erlernen dauert allerdings ein bißchen länger. Und Sie brauchen dazu kein Trampolin und kein Spezialkissen und keine Brain-machine und keine Spezialbrille, nichts – nur sich selbst. Für beide Übungen. Und die fünf Mark Leihgebühr fürs Video werden die bestangelegten der letzten Jahre sein.

Doch zurück zum Geschenk, das ich Ihnen noch schuldig bin: Focussieren. Genau das hatte mein Lehrer zuerst auch gemacht: sich mit Hilfe der vorher erwähnten Atemübung völlig gesammelt. Dann aber tat er noch etwas: er erweiterte sein Blickfeld.

Um hinter das Geheimnis zu kommen, versuchen wir nochmal, den gesamten Vorgang nachzuvollziehen: Zuerst stellte er sich 20 Meter vor dem Ziel auf und konzentrierte sich. Das heißt: er sammelte zuerst alle nötige Information. Wie groß ist der Abstand, wieviel Kraft wird der Pfeil brauchen, wieviel Spannung der Bogen, ist es windstill oder nicht? Dann drehte er sich um, und jetzt kommt die eigentliche Übung: Er rief sich die eben aufgenommenen Informationen noch einmal ins Gedächtnis, konzentrierte sich auf den Mittelpunkt und fing an, sein Blickfeld so weit auszudehnen, daß es auch den Raum hinter ihm erfaßte. Der Rest war für den Meister ein Kinderspiel.

Um es vorweg zu nehmen: Nach mehreren Jahren der Übung habe ich es bereits 11 mal geschafft, das Ziel mit geschlossenen Augen zu treffen. Das erste Mal gelang es nach zwei Monaten, was sich als Zufall herausstellte. Die weiteren 10 Treffer schaffte ich nach drei Jahren. Geblieben ist von dieser Übung folgende Sequenz für den allgemeinen Gebrauch: Setzen Sie sich so hin, wie Sie es zu Meditationen gewohnt sind. Entweder ganz normal auf einen Stuhl oder mit gekreuzten Beinen auf den Boden, wenn Sie wollen, lehnen Sie sich ruhig an. Keinesfalls legen Sie sich hin.

Konzentrieren Sie sich nun auf irgendeinen Gegenstand, der mindestens drei Meter entfernt Ihnen genau gegenübersteht. Sehen Sie diesen Gegenstand genau an. Und nun, Zentimeter für Zentimeter, versuchen Sie das Rechts und das Links des Gegenstandes immer mehr zu erfassen, ohne den Gegenstand selbst aus den Augen zu verlieren. Achten Sie darauf, daß Ihre Augen sich nicht nach rechts oder links bewegen. Sie sollen nur Ihr Blickfeld erweitern, nicht hin- und herschauen. Dehnen Sie Ihre visuelle Wahrnehmung, bis Sie das Gefühl haben, daß alles zwar noch sichtbar, aber wie von einem Schleier überlagert ist. Sollten Sie das Gefühl haben, daß Ihre Augäpfel vibrieren, bleiben Sie ganz ruhig und sagen Sie sich: Es ist alles in Ordnung, das ist nur die ungewohnte Anstrengung der Konzentration. Versuchen Sie, das, was Sie sehen, solange in erkennbarer Form zu halten, wie es Ihnen möglich ist. Wenn die Konturen anfangen völlig zu verschwimmen, schließen Sie langsam die Augen und genießen Sie die Ruhe, die in Ihnen entstanden ist.

Später, wenn Sie diese Übung beherrschen, können Sie versuchen, das Blickfeld im Bogen rechts und links abzurunden und langsam nach rückwärts auszuweiten. Es ist möglich, vorausgesetzt, Sie beherrschen Teil I der Übung. Ich mache dieses Breitband-Sehen mit meinem Kurs »Jeder kann Hellsehen« mit solchem Erfolg, daß sogar Leute, die jahrelang mit den üblichen meditativen Sammlungspraktiken keinen Erfolg hatten, innerhalb von einer (!) Minute tief versunken sind. Da ich die Übung nur als solche, im Kurs jedoch nicht als Anfang einer Meditation benütze, hole ich meine Zuhörer zugegeben ziemlich rüde aus dem Entspannungszustand zurück, sofort, nachdem die Wirkung erreicht ist. Ich möchte nur die Möglichkeit zeigen, vorerst und keine Gruppenmeditation abhalten, aus Gründen, die in meinem persönlichen Ermessen liegen.

Die mir liebste Erinnerung an diesen Übungsablauf blieb mir von einem Kurs in der Schweiz, wo in die tiefe und andächtige Stille nach dem »Wecken« eine Stimme mit rauhem Berner Idiom sagte: »Danke«. (Dankche)

Diese Übung ist deswegen so wichtig und hilfreich, weil sie auch unsere völlig verkümmerten Sinne übt. Wir nehmen viel zu wenig wahr, sehen nur Bruchteile, hören fast gar nichts. Das Ergebnis ist, daß unsere gesamte Sinnlichkeit sich langsam, aber sicher diminuiert. Es ist wie bei dem Menschen, der sein Leben lang so viel Zucker gefressen (Entschuldigung) hat, daß er die feine Süße eines Apfels als sauer empfindet. Nehmen Sie doch einmal einen Biß von einem Apfel der herberen Sorte und kauen Sie das Stückchen solange, bis Sie merken, wieviel Fruchtzucker noch immer in diesem angeblich sauren Apfel enthalten ist. Machen Sie dasselbe mit einer Gurke, einer Tomate, einem Stück Lauch. Und nehmen Sie nachher ein Stück Schokolade in den Mund. Sie werden merken, wie widerlich und unnatürlich süß das Zeug schmeckt. Eine hervorragende Übung für Zuckerfresser übrigens und für Leute, die Übergewicht haben.

Was das mit dem höheren Bewußtsein zu tun hat? Sehr viel, lieber Zweifler. Denn ohne funktionierende Sinne, also funktionierendes Normal-Bewußtsein, gibt es auch kein höheres Bewußtsein. Doch ich akzeptiere Ihre Ungeduld, denn hier spricht die Schwester des Erfinders (der Ungeduld, nicht des höheren Bewußtseins, leider). Nachdem wir hoffentlich alle begriffen haben, daß eine grundsätzliche Bereitschaft des Bemühens um das Gute, Schöne und Edle vorhanden sein und genährt werden muß, um in die feineren Bewußtseinsschwingungen zu gelangen, dürfen wir nun auch zur Belohnung ein bißchen in die Trickkiste greifen, um dem Vorgang ein wenig nachzuhelfen. Denn ich weiß sehr wohl, wie ungeheuerlich anstrengend es ist, ununterbrochen gut und edel sein zu wollen. Der Geist ist willig, aber ... Und wenn man nur auf dieses Programm festgelegt ist, dann könnte man leicht den Mut verlieren.

Also, jetzt kommt der Trick: Nehmen Sie die Eigenschaft, die bei Ihnen am augenscheinlichsten ist, und die Sie selbst als solche auch empfinden und akzeptieren. Nehmen wir einmal an, es ist etwas ganz Alltägliches, was Sie besonders auszeichnet, ein gutes Gedächtnis nämlich. Nun nehmen Sie eine Vorliebe, eine Leidenschaft, die Sie ausgeprägt in sich tragen. Natürlich meine ich eine Vorliebe für etwas Gutes und Schönes. Abrichten von Kampfhunden zählt zum Beispiel nicht, und auch Ihre Vorliebe für Sachertorte kann in diesem Fall nicht verwendet werden. Es muß etwas sein, was der Allgemeinheit Freude bereiten könnte, und zwar uneingeschränkt: Lassen Sie uns doch einmal glauben, daß Sie Gedichte lieben, und eigentlich immer gern selbst welche geschrieben hätten, aber bis jetzt geglaubt haben, Sie hätten dazu doch nicht genug Talent. Ich werde Ihnen jetzt zeigen, wie man mit gutem Gedächtnis und der Liebe zu bestehendem Material, in diesem Fall also zu Gedichten, Talent mit Hilfe des Normal-Kollektivs erzeugen kann, und damit sich bis ins Briah-Kollektiv, also in eine neue Form des Bewußtseins hinaufarbeiten kann.

Fangen Sie an, Ihr Hirn zu trainieren: lernen Sie Gedichte auswendig. Und zwar nur solche, die Ihnen selbst zunächst außerordentlich gefallen. Sie müssen sich dazu nicht einmal jeden Tag gequält hinsetzen, sondern nützen Sie doch einmal die Zeit, wo Sie etwas anderes, rein körperliches tun, wobei der Geist nicht beschäftigt sein muß: Putzen, zum Beispiel, oder während des Waschens und Zähneputzens in der Früh, beim Autofahren (Kassetten besprechen), ja sogar am stillen Örtchen. Hier ist immens viel geistig ungenützte Zeit, in der Sie Gedichte lernen könnten. Aber lernen Sie nicht nur, genießen Sie auch die Schönheit der Sprache, des Sprachrhythmus und des Ausdrucks. Fühlen Sie den Empfindungen nach, die entstehen und überlegen Sie, welche Farbe dazu passen könnte. Machen Sie geistige Bilder dazu und stellen Sie sich vor, wie das Gedicht wohl als Gemälde aussehen könnte. Versuchen Sie, das Erlernte zu singen, ihm verschiedene Ausdrucksformen zu geben, spielen Sie, machen Sie ein Stück mit verteilten Rollen daraus, versuchen Sie es als Mann, als Frau, als Kind darzustellen, kurzum, freuen Sie sich daran. Und noch etwas: Informieren Sie sich über den Dichter. Während Sie lernen oder das Erlernte sprechen, denken Sie nebenbei an die Leistung des Poeten, denken Sie über seinen Charakter nach, über seine Absicht. Ach, Sie haben mich längst durchschaut: ich versuche Sie in die geistigen morphischen Felder zu locken.

Ich behaupte jetzt einmal frechweg etwas: Goethe hat es mit seinem *Faust* geschafft, in Briah-Energien zu kommen. Es müßte also möglich sein, bei begeisterter Verwendung dieser Denkenergien dieselben als Hilfs-Vehikel zu verwenden. Oder wie wäre es mit Rilke's *Stundenbuch,* oder Dante's *Göttlicher Komödie*?

Ja, das ist anspruchsvoll, ich weiß. Aber wenn Sie immer nur bei *Wer reitet so spät durch Nacht und Wind* bleiben wollen, dann kann der Trick nicht glücken. Denken Sie nie: Das ist zu schwer, das schaffe ich nie! Es stimmt nicht. Es ist nur die Faulheit der Materie, die Sie scheinbar bindet. Sie jedoch haben alle Möglichkeiten. Also, fangen Sie meinetwegen ruhig mit dem *Erlkönig* an, aber machen Sie weiter! Und machen Sie weiter mit etwas, von dem Sie glauben, Sie behalten es nie, Paul Celan, zum Beispiel, oder Alfons Paquet. Und Sie werden danach feststellen: Wenn ich die *Todesfuge* und *Frag Adam* geschafft habe, was gibt es dann, was ich nicht schaffen könnte?

Ganz nebenbei werden Sie sprachmächtig werden, Ihre Umgangssprache wird sich unmerklich verändern, Ihr Ausdruck wird bildlicher und Ihre Gedanken verschönt werden. Wenn Sie vorher nicht frei sprechen konnten – der Tag wird kommen, da wird es eine Lust sein, Ihnen zuzuhören und Ihnen selbst eine Freude, und ein weiterer Tag wird kommen, da »wird es Sie sprechen« und dann werden Sie wissen, was ich meine, wenn ich sage, Glückseligkeit der Briah-Energie.

Und irgendwann, völlig unerwartet, wird es Ihnen gehen wie mir selbst. Ich wanderte eines freien Nachmittags in einer Einkaufsstraße, nichts Besonderes denkend, Augen überall und nirgends.

Da war dieser Impuls in meinem Kopf: »Rose, du reiner Widerspruch, Lust, niemandes Schlaf zu sein unter so viel Lidern«.

Was ist das, dachte ich mir, was für ein schöner Gedanke, schon irgendwo einmal gehört, aber wo? Ich grübelte und memorierte, aber konnte den Ursprung nicht finden. Also: Konzentration aufs Kollektiv und abfragen. Von wem ist das? Wer ist das? Keine Antwort.

Wieder: »Rose, du reiner Widerspruch ...«. So ging es weiter, eine halbe Stunde vielleicht, dann war ich abgelenkt durch irgend etwas und vergaß den Vorfall.

Nachts, im Bett, schon fast am Einschlafen, wieder diese »Stimme«: »Rose, du reiner Widerspruch ...«.

Diesmal war meine Rückfrage im Halbschlaf, völlig entspannt, also besonders konzentriert: »Wer bist du?«

Antwort: *Höre, ich schenke dir ein Gedicht. Willst du?*

Was für eine Frage!

Hier ist es, das erste von vielen, das allererste. Den seinen gibt's der Herr im Schlafe. Der Herr? Oder vielleicht nur ein antwortendes Kollektiv, das Freude an deiner Freude hat.

Im Traumregister meiner Sehnsucht
steht die Sonne im Zenith.
Kein Schatten grenzt den Baum.
Verdrossen hockt im Wipfel nur die Hitze
und ist sich selbst genug.
Die Stirn gelehnt an kühles Mauerwerk
Geschmack nach Kalk und Erde.
Schmeckt so der Tod?
Kein Sarg der Welt hat Platz für dich und mich.
So muß alleine sein
wer nicht zu zweien
gehen kann.

Ich hörte wie im Traum. War zugleich hellwach und angespannt bis in die letzte Hirnfaser. Dann bekam ich Angst. Angst, zu vergessen. Ich sprang aus dem Bett, und schrieb, in nicht einmal einer Minute, das Gehörte nieder, so wie Sie es oben lesen. Am nächsten Tag kam meine Freundin Gabriele Sessler, Inhaberin des gleichnamigen Verlags, zu Besuch, eine gebildete und literarisch versierte Frau. Ich erzählte ihr, vorsichtig zunächst, das Erlebte. Vielleicht war ich nur einer Erinnerung aufgesessen. Sie las, und las es nochmals. Rilke? Nein, auch nicht Hesse, schon gar nicht Kafka. Trakl? Nein, auch nicht.

Um es kurz zu machen: Das Gedicht gab es vorher nicht. Es ist von mir, wenn man so will. Und das erste einer langen Reihe von ebenso, wenn nicht noch schöneren Gedichten. Bin ich deswegen ein Dichter? Ja und nein. Ja, denn hätte ich nicht jahrelang die sprachliche Basis gelegt, so wie ich es vorher in meiner Anempfehlung beschrieben habe, es wäre keine »Klaviatur« vorhanden gewesen, auf der »man« hätte spielen können. Nein, weil ich Dichter kenne, die da sitzen und sich quälen, feilen, verwerfen, austauschen und unter Schweißperlen ein Erzeugnis hervorbringen. Bei mir schreibt es sich. In höchstens 10 Minuten, nach Absprache übrigens: *Hast du Lust?* kommt es manchmal. Und manchmal ich : »Habt ihr Lust, ist jemand da?« Und ich höre einfach zu, manchmal »biete ich dagegen«. »Meinst du nicht, es wäre besser so ...« und dann sage ich, was ich denke, dann ist es wie ein Verhandeln, das Einigen geht blitzschnell. Der Zustand während des Austauschs ist wunderbar, unbeschreiblich. Völlig bewußt übrigens, ich könnte nebenher Geschirr abwaschen oder Fingernägel lackieren. Also keine Trance, nichts dergleichen. Ich weiß nicht, mit wem ich diese Arbeit leiste, wer mein »Mitarbeiter« ist, wessen Mitarbeiter ich bin. Es ist auch gleich-gültig. Es geschieht aus einem einzigen Grunde: Um zu zeigen, daß es möglich ist.

Wer von den Dichtern macht denn den Mund auf und

sagt: »Ich habe es gehört, man hat es mir gesagt.« Sie schreiben und setzen ihren Namen darunter. Das werde ich auch tun. Aber ich werde nicht aufhören zu sagen, wie es wirklich ist und wie es geschieht. Ich bin bewußt, völlig meines Selbst bewußt, und ich möchte Ihnen den Weg dahin vermitteln, genauso, wie die Ergebnisse, die ich selbst auf diesem Weg erbringe. Seit dieser Nacht mit dem Gedicht hat sich auch meine Sprache verändert. Wenn ich will. Ich kann auch im Stil genauso bleiben wie früher. Früher hatte ich eben nur den einen – meinen. Jetzt kann ich wählen. Ich bin frei. Deswegen ist dies auch mein letztes sogenanntes Sachbuch. Ich habe vorerst alles gesagt, meine Aufgabe erfüllt und dabei selbst erreicht, was ich wollte: die Barriere beiseite zu schaffen, die mich geistig blockiert hat.

Manchmal spreche ich acht Stunden hintereinander, ohne das geringste Hilfsmittel und ohne den geringsten Energieverlust. Meine Zuhörer erstaunt das. Ich sage Ihnen immer wieder, daß sie nicht staunen sollen, sondern es nachmachen. In welcher Form auch immer. Es muß ja nicht die ganze Welt reden wie ein Wasserfall. Ich bin nicht da, um bestaunt zu werden. Ich bin nur da, um zu zeigen, was möglich ist. Und es ist für jeden von Ihnen möglich. Denn ich bin weder ein Wunderkind (bißchen spätes Kind, was?), noch ein Genie, noch überaus begabt. Ich bin nur trainiert. Ich habe die Möglichkeiten eines ganz normalen menschlichen Hirns etwas mehr genützt, als es üblich, normal ist.

Normal – ein Wort, das ich hasse. Die Norm hat uns Frauen jahrhundertelang kleingehalten, trotz mancher Ausbrecherinnen. Ich wollte immer heraus aus der Norm. Die Zeit war mir gnädig und mein Schicksal auch. Die Zeit ist inzwischen noch gnädiger geworden, und wer sagt denn, daß Ihr Schicksal nicht um vieles günstiger ist als meines? Es liegt also an Ihnen. Auf ins Kollektiv! ist also die Devise. Und sie kann gültig sein für einen Moslem, einen Christen, einen Hindu genauso wie für einen Atheisten, oder den, der alles ablehnt, was nur den Hauch von Esoterik an sich hat. Sehen Sie im Kollektiv meinetwegen Schutzgeister, Dämonen, alle Verstorbenen, Jesus Christus, den Heiligen Geist oder Gott höchstpersönlich, oder nur die reine Energie. Es ist Ihre Wahl. Ich werde Sie nicht zwingen, zu glauben, oder versuchen, Sie abzubringen, von dem, was Sie glauben. Sie dürfen glauben, was Sie wollen, und ich glaube, was ich will. Und das ist letztendlich unabhängig von den Trainingsmöglichkeiten. Trotzdem glaube ich zutiefst, daß die Ergebnisse zeigen, wes Geistes Kind du bist. Rose, du reiner Widerspruch! Haben Sie es erkannt? Ich wußte es auch nicht, daß dies der Spruch ist, der auf Rilkes Grabstein eingraviert ist. Gabriele Sessler hat es mir erst sagen müssen.

Nun könnten Sie mir nach all diesem entgegnen, daß Sie bar jeder ausgeprägten Eigen- und Leidenschaften wären, daß Ihnen zwar so manches gefiele, aber nicht in einer Weise, die man als leidenschaftlich bezeichnen könnte. Diese Ausrede ist mir vertraut, und es kann abgeholfen werden. Ein Ausweg aus dem leidenschaftslosen Dilemma ist die Liebe. Damit meine ich nicht einmal eine intime Liebesbeziehung, sondern nur eine tiefe und liebevolle Beziehung zwischen zwei Menschen. Nehmen wir an, Sie sind Handwerker oder Ingenieur und behaupten von sich, völlig sprachunbegabt zu sein. Und nehmen wir weiter an, es steht Ihrem Herzen eine Dame nahe, die auffallend sprachbegabt ist. Wenn Sie sich Ihrer Herzensneigung wegen anfangen, für zunächst auch nur eine einzige Sprache zu interessieren und dabei die Unterstützung der Lady erhalten, dann werden Sie, trotz angeblicher Sprachunbegabung, in auffallender Schnelligkeit englisch, französisch oder italienisch erlernen. Das heißt, daß wir grundsätzlich die bereits erschlossenen und vorhandenen geistigen Felder von anderen Menschen nützen können, wenn wir die Erzeuger dieser Felder lieben. Verstehen Sie jetzt auch das Geheimnis der guten Lehrer und die Notwendigkeit geliebter Vorbilder. Und verstehen Sie auch, wie wenig uns ein Herr Stallone und eine Frau Madonna letztendlich nützen können? Was sind das für geistige Felder, die unseren jungen Leuten als Vorbilder angeboten werden! Welche Schwingungen werden da vermittelt und auch noch von der Bewunderung der Jugendlichen gefüttert. Der einzige, der davon profitiert, ist der Erzeuger, und zwar in jeder Beziehung. Der junge Mensch sucht Vorbilder. Das war immer so und wird auch immer so sein. Und wenn nichts anderes da ist, nichts anderes geboten wird, dann sind es eben die Vermittler von Gedankenpotential minderer Sorte. Auch das ist Mißbrauch von Kindern und Jugendlichen. Mein Gott, ich war auch mal ein Star und hatte viele sogenannte Fans. Aber niemals gab es Skandale, provoziert durch Sex oder Gewalt. Man transportierte Lebensfreude und Energie und versuchte, seine Zuhörer fröhlicher zu entlassen, als sie zu einem gekommen waren. Heute, als etwas gereifterer und schärfer beobachtender Mensch, wage ich sogar zu sagen: Wer sein Publikum nicht besser entlassen kann, als es vorher war, der sollte lieber zu Hause bleiben. Das gilt nicht nur für Sänger, sondern für jede Art der Darbietung vor Publikum.

Doch sprechen wir noch einmal über die geistigen Felder, die zwischen zwei Menschen ausgetauscht werden können. Auf diesem Austausch beruhen die Erfolge guter Ehen und guter Partnerschaften im allgemeinen. Wer glaubt Verbindungen auf der Basis der sogenannten Assiah-Schwingung fruchtbar halten zu können, der wird sich bittersten Ent-Täuschungen ausgesetzt sehen müssen. Der wird sich von seinem Partner zuletzt benutzt, verletzt und getäuscht finden, und ihm auch noch Vorwürfe dafür machen, daß er sich selbst auf den Leim gegangen ist. Drum prüfe, wer sich kurz oder auch ewig meint binden zu müssen, und zwar nicht nur, ob sich Herz zu Herz, sondern auch die geistigen Felder, sprich Absichten und Ziele zueinander finden.

Wie diese geistigen Felderrungenschaften und Leidenschaften wirken und abfärben können, möchte ich Ihnen am Beispiel einer eigenen Geschichte beweisen:

Als junge Frau war ich eine ganze Zeit mit einem Schauspieler befreundet, der von Kunst, vor allem von Malerei sehr viel verstand. In seiner Wohnung hingen die unglaublichsten modernen Gemälde, und als ich diese Heim-Galerie zum ersten Mal sah, war ich weniger beeindruckt als belustigt. Manche Sachen fand ich einfach lächerlich, einige sogar schlichtweg scheußlich. Zurückhaltend und schüchtern, wie ich nun einmal bin, konnte ich meinen Mund natürlich nicht halten und tat meine sachkundige Meinung lautschallend kund. Dank eines gütigen Schicksals nahm mir dieser Mann meine Taktlosigkeit nicht übel, im Gegenteil, er begann mir zu erklären, was es mit diesen mehrfarbigen Vierecken auf sich hatte, und was der Künstler mit jenem dunklen Schattenkreuz auf grauem Sand ausdrücken wollte.

Eines Abends sprachen wir über Picasso, und ich sagte, daß ich nur mit den Arbeiten bis kurz nach der »Blauen Periode« etwas anfangen könne.

Da nahm er meinen Kopf in beide Hände und zog ihn ganz nahe an sein Gesicht und fragte: »Was siehst du?«

Ich schaute und schielte und sagte schließlich: »Ich sehe nichts, weil ich viel zu nahe an dir dran bin.«

»Bemühe dich mal, etwas wahrzunehmen, versuche deinen Augen ein Bild abzuverlangen.«

Also versuchte ich mich zu konzentrieren, was mir aber scheinbar trotz aller Mühe nicht gelang. »Ich kann einfach nichts sehen«, sagte ich schließlich, »alles ist verzerrt – ein Auge oben, ein Auge weiter unten, der Mund ist auch weiß Gott wo ...«

Er nickte zufrieden. »Siehst du«, sagte er lächelnd, »das ist Picasso!«

So lernte ich Picasso zu verstehen und zu lieben, und nicht nur Picasso. Jahre später kam ich bei der Hochzeit von Freunden neben einen Kunstprofessor zu sitzen. Und eingedenk meiner noch immer selbstempfundenen Unwissenheit sagte ich zu ihm, daß ich es wirklich bedauere, daß man ihm eine derart kunstunverständige Tischdame verpaßt habe. Der Professor erwies sich trotz dieser Warnung als unerschrocken und fing an, sich mit mir über die Malerei des beginnenden 20. Jahrhunderts bis heute zu unterhalten. Nach einer Weile sagte er zu mir: »Also, wenn Sie behaupten, Sie verstünden nichts von Malerei, dann möchte ich gerne wissen, von welchem Fach Sie sagen würden, Sie verstehen wirklich etwas davon. Das muß ja furchterregend sein!« Es war eines der schönsten Komplimente meines Lebens. Und das Ergebnis einer wirklich erinnerungswürdigen Beziehung, an die ich noch heute gerne zurückdenke.

Ähnlich »ausgenützt« habe ich meine Väter (Jurist und Arzt) und auch meinen Ehemann, einen Musikprofessor, und auch meine Freunde. Als Gegenleistung stelle ich meine Talente natürlich bei Bedarf mit Freude zur Verfügung. Geben und Nehmen. Bittet, und ihr werdet empfangen. Irgendwann, wenn Sie es schaffen, Menschen gleichgültig lieb zu haben, werden Sie merken, daß Sie ohne Schwierigkeiten in deren geistige Felder »einsteigen« können und das wird der Zeitpunkt sein, wo man von Ihnen behaupten wird, Sie seien »hellsichtig«, clair-voyant, klarsehend. In dem Moment, wo Sie sich wirklich für den anderen und sein Schicksal, seine Sorgen, sein Anliegen und seine Bedürfnisse interessieren, in dem Moment werden Sie zum »Hellseher« werden, mit bewundernswerten Fähigkeiten. Das, und nicht anderes, ist das Geheimnis der wirklich großen Seher und Lebensberater, gleich ob es Astrologen, Kartenleger oder Kugelseher sind. Wenn der Mensch, der diese Dinge als Katalysator benützt, nicht ein Mensch ist, den grundsätzlich Philanthropie beseelt, dann ist er in seinem Beruf als Lebensberater fehl am Platze. Denn es nützt absolut nichts, den Ratsuchenden die eigenen Schemata und individuellen Frustrationen weiterzuvermitteln, sondern der Berater muß in der Lage sein, sich völlig in sein Gegenüber zu versenken und im Sinne des

Ratsuchenden zu urteilen und zu beraten. Natürlich auf der Basis der universellen Gesetze und der universellen Liebe, ohne die ein Wegweisen überhaupt unmöglich ist. Aber – im Sinne des Ratsuchenden. Je größer die eigenen Erfahrungen sind, je diffiziler aber auch die eigene Zusammensetzung der Persönlichkeit ist, umso besser werden Sie raten können.

Hiermit sind wir bei dem Phänomen Präkognition angekommen. Denn das ist es, wonach, wenn wir ehrlich sind, alle Ratsuchenden lechzen: ein Berater, der zukunfts-sichtig ist. Wir werden also jetzt versuchen zu klären, ob es das sogenannte futurelle Hellsehen gibt oder nicht. Ist das alles nur ein Zufall, finsterer Aberglaube, oder ist es vielleicht nur eine Form völlig normaler, wenn auch hochtrainierter menschlicher Fähigkeit?

HELLSEHEN –
ALLES HUMBUG
ODER
VERLORENGEGANGENE FÄHIGKEITEN DES MENSCHLICHEN GEISTES?

Es gab und gibt sie noch immer, diese heimlichen Herrscher, die versteckten Fädenzieher im Hintergrund. Fast jede Stadt hat einen oder mehrere davon: Hellseher. Je nach Mentalität des Landes sind diese Leute gefürchtet oder hofiert. Immer jedoch sind sie stark frequentiert.

Der Hellseher von Rom, zum Beispiel, der »grande mago« wie er respektvoll genannt wird, bräuchte, wie man mir glaubwürdig versicherte, eigentlich überhaupt kein Geld, denn in jedem Geschäft bekäme er alles, was er wolle, umsonst. Dafür seien auch die Konsultationen unentgeltlich. Von was er denn sonst lebe? fragte ich, da der Grande Mago nicht gerade ärmlich aussah. Daraufhin stellte sich heraus, daß die Italiener sich nicht lumpen lassen, wenn eine Beratung geschäftlicher Art Erfolg gezeigt habe. Beteiligungen bis zu 20 Prozent seien durchaus üblich, Steigerungen möglich. Viva Italia, kann man da nur sagen. Oder, viva il mago.

Bei uns im kühlen (immer kühleren) Deutschland haben es die »Zauberer« nicht ganz so leicht. Auf der einen Seite immer bereit, solche Leute zu Rate zu ziehen, sind die Deutschen andererseits immer von einer geheimen Lust besessen, ihre Seher zu diskriminieren. Das war bei Hanussen so, der sein Talent mit dem Leben bezahlen mußte, auch Frau Buchela hatte es nicht leicht und auch Gabriele Hoffmann, die immerhin eine Entführung minutiös vorausgesagt hatte, blieb nicht unangegriffen. Das hat mit der ewigen Angst der Menschen zu tun, Hellsehen könnte doch etwas »Böses« sein, und im Hinterkopf spukt noch immer der Gedanke, daß diejenigen, welche solche Begabungen zeigen, vielleicht doch mit dem Teufel oder sonstigen dunklen Mächten in Verbindung stehen könnten.

Nach dem Hitler-Motto, bei Hanussen angewandt: benutzen und dann schnell totmachen, steckt dahinter natürlich auch die Angst, der Seher könnte seine Informationen ausspielen und zum eigenen Vorteil nützen. Das hat es natürlich alles gegeben, den Eigennutz, wie auch das »Totmachen«, aber auch die unglaublichsten Ergebnisse, wie zum Beispiel Jeane Dixon's bewiesene Vorhersage der Ermordung Kennedy's, um nur eine der zahlreichen spektakulären Präkognitionen zu erwähnen. Überhaupt finde ich das Wort Präkognition (cognosco – erkennen) viel zutreffender, als Hellsehen. Für die alten Lateiner unter Ihnen: wie viele Sätze fingen an mit »cognitum est ...«, wie man aus Erfahrung weiß.

Aha! Erfahrung! Könnte es also sein, daß Hellsehen etwas ganz anderes ist, als nur dieses unerwartete und oft auch ungewollte Überfallenwerden von Bildern oder auch das gewollte und forcierte Erstellen von »Zukunftsfilmen«?

Nehmen wir doch einmal das Orakel von Delphi, beliebter Wallfahrtsort des alten Griechenland. Was spielte sich denn eigentlich ab in diesem, dem Gott Apollon geweihten, Tempel, in dem über einem Erdspalt, aus dem betäubende Dämpfe quollen, auf einem Dreifuß die Pythia saß, und in Verzückung Worte ausstieß, die dann vom Opferpropheten formuliert wurden? Fangen wir doch zuerst einmal mit der Pythia an.

Zunächst war diese Dame eine Jungfrau (eine wirkliche übrigens) aus guter Familie. Später, ich weiß nicht, ob aus Mangel der Spezies oder um das Alter zu ehren, wurde das Amt von einer Dame in den reiferen Jahren ausgefüllt. Ich erinnere mich in diesem Zusammenhang an eine Formulierung einer meiner Lehrerinnen: »Da saß also auf einem Dreifuß ein unreifes Gör, oder eine alte Schachtel, die mit ihren Ausbrüchen jahrelang die leichtgläubigen lydischen und römischen Könige tribuliert haben.« Nun, ganz so war es auch wieder nicht. Doch, an jedem Wort ein Fünkchen Wahrheit: der Einfluß des Orakels war ungeheuerlich. Wer aber steckte nun wirklich hinter diesem Orakel? War es der Gott Apollon höchstpersönlich oder gar Zeus?

Kurz und schmerzlos: Es war eine wohlorganisierte und hochinformierte Priesterschaft, die das Orakel ausübte, eine Clique, die in alle Teile der hellenischen Welt ihre

Verbindungen hatte, aus diesem Grund über alle Vorgänge aufgeklärt war und somit leicht den Schein der Allwissenheit erwecken konnte. Doch waren diese Priester deswegen Betrüger? Oh nein! Denn wie man hört, waren die delphischen Ratschläge von höchster Qualität und höchster Trefferquote. Leider ließ die Qualität mit der Quantität etwas nach. Fanden zunächst nur einmal im Jahr für besondere Auserwählte Orakel-Erteilungen statt, so veranstaltete man später, sicher auch mit einem schüchternen Seitenblick auf die damit zusammenhängende wirtschaftliche Blüte, allmonatliche Verkündigungen. Der Leiter dieser Veranstaltungen war nach wie vor die Priesterschaft, die mit Verantwortung und Wissen die Geschicke beeinflußte. Wer hätte es besser gekonnt?

Und damit sind wir bei den drei großen »I« angekommen, die jeder wirklich gute »Hellseher« beherrschen muß:

1. Intelligenz
2. Information
3. Intuition

Ich will Ihnen auch Punkt 4 nicht vorenthalten, wie er mir von meiner Lehrerin Mira von Dietlein vermittelt wurde: »Maul halten«, hieß der. Also, da haben wir wieder einmal die Intelligenz, die in diesem Fall nichts anderes beinhalten soll als eine umfangreiche Allgemeinbildung, Lebenserfahrung und Kombinationsfähigkeit.

Sodann kommt die Information. Damit ist nun nicht unbedingt die Art von Information gemeint, die vorher im Zusammenhang mit der delphischen Priesterschaft gemeint war, sondern Information, die aus einer geschulten Beobachtungsgabe und dem Wissen um Körpersprache und Stimmklang und Sprachgebrauch resultiert. Bis ein Ratsuchender sich allein nur gesetzt hat, ist schon eine ganze Menge Information zusammengekommen, wenn man als Berater ein geschultes Auge hat: Wie ist die Körperhaltung, wie der Gang, wie der Händedruck? Ist der Mensch eher gehemmt oder unbefangen und aufgeschlossen? Sind die Hände locker oder verkrampft, die Beine übergeschlagen oder verkreuzt?

Nun, ich werde hier auch nicht meine ganzen Berufsgeheimnisse verraten, möchte aber trotzdem, daß Sie eine Ahnung erhalten, wie ein Mensch zum Ruf gelangen könnte, ein Hellseher zu sein. Zuletzt muß er ein ausgezeichneter Zuhörer sein. Dazu muß der Ratsuchende nicht einmal viel erzählen. Einige wenige alltägliche Fragen müssen genügen, um zu hören, wie die Wahrnehmungsmöglichkeiten des Mannes oder der Frau sind. Der Rest obliegt dem Talent und der Erfahrung des Beraters.

Es gehört also viel mehr dazu, als nur ein paar Karten auszubreiten und etwas vom Glück übern langen Weg zu murmeln und von der Marsopposition zu Pluto. Die besten Hellseher sind die, welche ihr Handwerk von der rein technischen Seite her perfekt beherrschen. Dann kommt lange nichts, bevor die drei großen »I« eingesetzt werden.

Handwerk! Das kann natürlich Astrologie sein. Jedoch ist Astrologie die einzige der zukunftsweisenden Künste, die man auch ohne eine Spur von Intuition betreiben kann – zur Not. Es genügt für einen mittelmäßigen Astrologen ein Computer und ein Halbjahreskurs in einem Abendlehrgang. Doch wer will schon zu einem mittelmäßigen Computerfachmann, wenn es um Schicksal und Zukunft geht? Es gilt also, die wenigen Astrologen ausfindig zu machen, die sich jahrelang und intensiv mit dem Erlernen der Geheimnisse dieser unglaublich diffizilen Kunst befaßt haben und gleichzeitig mit dem Talent der Intuition begabt sind.

Was ist nun mit all denjenigen, die Karten legen, in Kugeln blicken, Kaffeesatz lesen und Runen werfen? Was hat es mit all diesen Gegenständen auf sich? Kann man sagen, Tarot ist besser als das I Ging oder Pendeln ist besser als Orakelsteine? Um diese Fragen beantworten zu können, muß man eine Grundsätzlichkeit vorausschicken: Jede Seherhilfe ist so gut wie der Seher selbst!

Was bewirken diese »Hilfen« dann eigentlich? Alle sogenannten »magischen Künste« sind als Katalysatoren anzusehen, die im Zusammenspiel mit den drei großen »I« ein Ergebnis bewirken. Egal, ob Karten, I Ging, Kugel und was es sonst noch alles gibt: alle sind Signifikanten für die Synchronizität. Das heißt, die Hilfsmittel fügen sich dem Gesetz der Gleichzeitigkeit, sie entsprechen der momentanen Energieabstrahlung des Ratsuchenden. Je klarer ein Berater die Schwingungen eines Menschen aufnehmen kann, desto klarer wird er diese Information mit den sich aus den Hilfsmitteln ergebenden Hinweisen kombinieren und entschlüsseln können. Ein wirklich guter »Hellseher« muß in der Lage sein, aus einer einzigen Karte der großen Arkana des Tarot, Grundsätzlichkeiten einer momentanen Situation eines Befragers zu ersehen.

Die Voraussetzung besteht darin, daß der Tarot bis in die kleinsten Winkel seiner umfangreichen Geheimnisse erlernt und begriffen worden ist und die dadurch ersehene Mitteilung zusammen mit der Abstrahlung des Fragers ein Bild ergeben. Genauso geht es mit Runen, mit dem I Ging, mit den Orakelsteinen und sämtlichen sonst noch existierenden »Wahrsage«-Karten.

Anders läuft der Vorgang bei Pendel, Kugel und Kaffeesatz. Diese Hilfsmittel sind reine Unterstützer der Konzentration des Beraters. Er sammelt seine Energien auf einem Punkt, erhöht dadurch sein Potential und wird dadurch aufnahmefähiger für die Information, die ihm von den Mentalfeldern seines Gegenübers vermittelt werden. Das ist das ganze Geheimnis. Ein Pendel tut nichts anderes, als bestehenden Energieformen zu entsprechen. Für einen erfahrenen Pendler löst jeder Gegenstand, jedes Metall, jede Farbe, eine ganz spezielle Pendelbewegung aus, die er umsetzt und deutet. Also wieder nichts mit schwarzer Magie! Denn es geschieht nichts anderes, als daß morphische Felder abgetastet werden. Im Falle der Beantwortung von Fragen geschieht dasselbe mit den Mentalfeldern, die sich im Empfindungsleib eines jeden Menschen in ausreichender Menge befinden.

Im Fortgeschrittenenstadium wird ein wirklich Berufener überhaupt keine Hilfsmittel mehr nötig haben, und – er wird auch keine futurellen Angaben machen, es sei denn, er hält es für äußerst wichtig und schicksalsmäßig angebracht. In meinem Kurs »Hellsehen kann jeder« habe ich immer einen Großteil dieser Praktiken gezeigt, meine Zuhörer staunen lassen und dann das Geheimnis entzaubert, indem ich zuerst einmal das Handwerk gezeigt habe, das dahintersteckt. Wirklich spannend wird es aber immer für alle (auch für mich), wenn es an das Abtasten der Mentalfelder geht, weil sich dann die Teilpersönlichkeiten zeigen, samt ihren Höhen und Abgründen, mit ihren Wünschen und Hoffnungen. Dieses Sich-Zeigen erfolgt größtenteils über Symbole, oder besser, symbolische Bilder, die sich vor dem geistigen Auge bilden, wenn man sich in die Aura eines anderen Menschen versenkt. Das Deuten dieser Bilder ist genauso erlernbar, wie das Deuten einer Tarotkarte. Voraussetzung bleibt nach wie vor: Liebe, Interesse, Anteilnahme. Und das Streichen sämtlicher eventuell vorhandener profilneurotischer Ansprüche.

Wenn Sie es schaffen, diese Voraussetzungen ohne verkrampfte Anstrengung zu erfüllen, dann kann es Ihnen gelingen, bei guten Konstellationen einen ganzen Saal 15 000 Jahre in die Vergangenheit oder in die Zukunft zu versetzen. Niemals jedoch, und das muß immer klar sein, sind Sie der alleinige »Macher«. Sie werden immer so gut sein, wie die Energien der Menschen, die Sie umgeben. (You are as good ...)

Nun aber möchte ich auf ein Thema kommen, das mir wirklich am Herzen liegt und mir auch, wie man so schön sagt, unter den Nägeln brennt. Es handelt sich um die Gematria, also die Aufschlüsselung von Namen und Zahlenkombinationen. Numerologie – heißt das Stichwort. Ich werde mir jetzt gleich einige Gegner einhandeln, aber das muß mir in diesem Fall wirklich gleich-gültig sein, denn ich gestehe ja auch jedem seinen eigenen Weg nach Rom zu.

Ich weiß nicht, wie oft ich mir in dem vorher erwähnten Kurs Geburtsdaten habe geben lassen, wahllos aus der Zuhörerschaft zugerufen, die ich dann entschlüsselt habe, und immer war es für den Kurs das reinste Wunder, wie ich es schaffte, aus diesen paar Zahlen heraus ein ganzes Schicksal zu beschreiben. Nun, für jeden Numerologen ist das ja angeblich keine Kunst, denn jede Zahl hat ihre ganz spezielle Bedeutung, und diese Bedeutungen brauchte man also nur zu kombinieren, und schon war der Fall geknackt. Denkt man. Und ich dachte es eigentlich auch eine ganze Weile, bis, ja bis ich bemerkte, daß ich, nachdem ich das Geburtsdatum erhalten und aufgezeichnet hatte, zwar einen kurzen Informations-Blick darauf warf, mich aber dann sofort in die Mentalfelder des Zurufers begab, was dann natürlich zu den bekannten Ergebnissen führte.

Irgendwann begann ich mich zu fragen: Warum arbeitest du nicht mit den Zahlen, wie du ja vorgibst, was ist los? In den darauffolgenden Kursen zwang ich mich, rein nach den Gesetzen der Numerologie zu arbeiten, kollidierte aber sofort mit der Wahrnehmung der Information der Mentalfelder. Ich wurde unruhig. Was war los? Irgendetwas stimmte nicht mit den Zahlen, oder besser mit den Geburtsdaten. Weder paßte die Quersumme zur Abstrahlung mancher Leute, noch der Mittelwert, der ja immerhin der »stockholder« der Reihe ist. Mitten in meinen Erklärungen fing es plötzlich an, in meinem Hirn zu hämmern: *Nooovember, Deeeezember, Seppt-Seppt-Sepptember* .... Zuerst dachte ich, ich hätte einen Schaltschaden. Ich setzte Frageenergie dagegen, bekam aber immer wieder nur diese Monatsnamen durch. Und dann begriff ich – endlich.

Wir arbeiten alle falsch, haben uns jahrhundertelang an der Nase herumführen lassen, und das alles nur wegen eines einzigen römischen Kaisers, dem es irgendwann gefiel, den bis dahin auf Platz eins rangierenden Monat März auf Platz drei zu versetzen. Demgemäß verschoben sich alle anderen Monate ebenfalls. Dabei erzählt jeder Monat seine Geschichte und Reihenfolge.

Nehmen wir den letzten Monat Dezember, zum Beispiel. Heutzutage ist er der 12. Monat, wobei sein Name, decem = zehn, doch etwas ganz anderes aussagt. Ist man mit der Astrologie vertraut, so weiß man, daß das erste Sternzeichen der Widder ist, dessen Zeitabschnitt im März beginnt. Der März ist auch, vom Geschehen der Natur her, logischerweise der erste Monat des Jahres. Am 20. März ist Frühlingsanfang, vom Eise befreit ... Bei Plutarch, *Fragen über Römische Gebräuche,* kann man nachlesen, warum Numa Pompilius, der ein friedliebender Kaiser war, angeblich auf die Idee kam, die Primärstellung des Mars so urplötzlich dem Januar zuzuordnen: Angeblich wollte er die kriegerisch gesinnten Römer mit dieser Maßnahme etwas vom hitzigen Mars ablenken, dem Namensgeber des Monats März, und dem Gott Janus, dem Hüter der Türen und Tore, damit Ehre erweisen und gleichzeitig damit einen Hinweis schaffen, sich doch mehr um den Frieden und den Ackerbau zu kümmern.

Wenn heute ein Machthaber auftauchen würde, dem es gefiele, den Jahresanfang auf den September zu legen, würde sich deswegen die Zahlenzugehörigkeit der Monate genausowenig ändern, wie sie sich bei der Änderung vor nunmehr ungefähr 2000 Jahren zugetragen hat. Der Frühling kümmert sich nicht drum, ob wir ihn in die Mitte oder ans Ende eines Jahres setzen. Er bleibt bis in alle Ewigkeit, falls unseren Planeten nicht irgendwelche Katastrophen ereilen, der Anführer des Zirkels.

Deswegen ist jemand, der am 13. 3. eines Jahres geboren ist, eigentlich am 13. 1. geboren, während derjenige, der zum Beispiel am 22. 12. das Licht der Welt erblickt hat, mit dem Datum 22. 10. zu berechnen ist. Nach diesem System aufgeschlüsselt, kommt man zu den wirklichen Ergebnissen. Mein eigenes Geburtsdatum, der 4. 11. mußte immer sehr waghalsig gedeutet werden, wenn man die 11 laut numerologischer Anweisung in die 2 (Quersumme von 1 + 1) umgerechnet hatte. Kennt man mein Schicksal, dann weiß man, daß die aus November (novem = 9) resultierende 9 wohl bei weitem mehr Aussagekraft hat.

Versuchen Sie einmal, Ihr Geburtsdatum nach diesem neuen (uralten) System zu berechnen, und staunen Sie über die Aussage. Was aber, wenn jemand angenommen am 15. 2. 1954 geboren ist? Dann ändert sich nämlich in der numerologischen Aufschlüsselung nicht nur die 2, die für Februar steht in die 12, sondern es muß auch das Jahr zurückgesetzt werden. Derjenige ist also nach dem Datum 15. 12. 1953 zu berechnen. Dasselbe gilt für die im Januar Geborenen. Beispiel: Herbert Brenner, geboren am 24. 1. 1938, war bis jetzt nach der aus den drei Blöcken 6 (24=2+4=6), 1 und 3 (1+9+3+8 = 21 = 2+1 = 3) entstehenden Quersumme 1 (6+1+3=10=1) berechnet worden. Nunmehr jedoch wandelt sich die Berechnung um in: 24. 11. 1937, was eine Quersumme von 28, also ebenfalls zufällig eine 10 ergibt. Was hat sich denn nun geändert? Der erfahrene Numerologe weiß, daß nicht nur die Quersumme relevant ist, sondern genauso die Werte der einzelnen Blöcke und sodann die Mittel- oder Feldwerte.

Sehen wir uns das im Fall Herbert Brenner einmal an:

Zuerst das alte System:

24. 1. 1938 = Quersumme 10 = 1

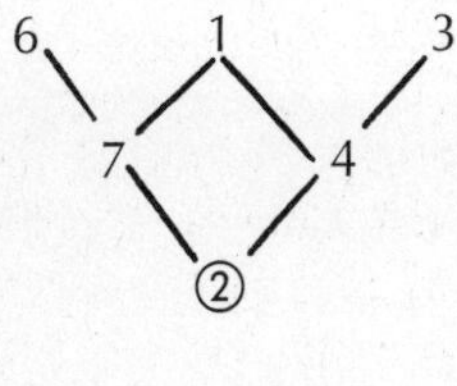

Und nun das »Neue« System:

24. 11. 1937 = Quersumme 10 = 1

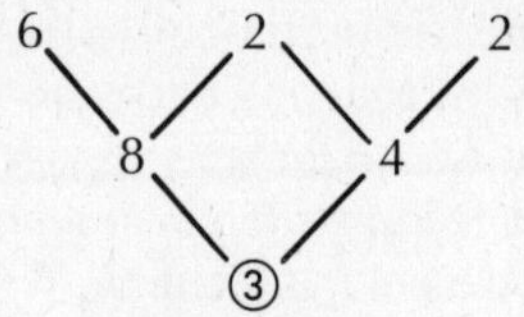

Hier ist der Unterschied gravierend. Die ganze Lebensbestimmung hat sich praktisch verändert. War die Absicht vorher eine 2, so hat sie sich nun in eine 3 verwandelt. Die grundsätzliche Zugehörigkeit, die sich in der Quersumme 10 ausdrückt, ist nach wie vor die gleiche geblieben, der individuelle Weg jedoch hat sich total verändert.

Diese Demonstration ist vornehmlich für alle diejenigen gedacht, die sich mit Numerologie bereits ausführlich beschäftigt haben und die mit der Aussagekraft der Zahlen bereits vertraut sind. Hier soll nicht die Numerologie erklärt werden, sondern ein System.

Die sogenannte Absichts-Zahl entsteht durch das Zusammenziehen der Blöcke I (Geburtstagszahl), II (Monatszahl) und III (Jahreszahl), also:

I II III
6 + 2 + 2
= =
8 + 4
a b
=
(12)
(3)
c

Die in diesem Fall entstandene 3 zeigt die individuelle

Durchführung der Absicht innerhalb der aus der Quersumme zu ersehenden gemeinschaftlichen Absicht an. Weitere Feinheiten sind aus den Feldern und den Diagonalen zu ersehen.

Felder entstehen aus dem Zusammenziehen der Blöcke I + II + a sowie II + III + b und II + a + b und a + b + c. Diagonalen ergeben sich aus I + a + c sowie III + b + c. Dann gibt es noch den Stamm, der sich aus II + c ergibt. Das Verständnis der Aufschlüsselung würde den Rahmen des Buches bei weitem sprengen und erfordert ein eigenes Buch, das ich in den nächsten Jahren hoffe fertigstellen zu können.

Dieses System wurde von mir auf der Basis des *Baum des Lebens* und der *Kabbalistischen Welten* entwickelt und ist im Lauf von 11 Jahren erarbeitet worden. Ohne ein Verständnis der kabbalistischen Philosophie kann diese völlig neu erarbeitete Entschlüsselung der Geburtsdaten jedoch nicht vermittelt werden.

Ich möchte Ihnen auch nicht verheimlichen, daß ich der Ansicht bin, daß ein wirkliches Verständnis des Geheimnisses der Aufschlüsselung unserer Geburtsdaten und unserer Namen ohne profunde Kenntnisse der zeremoniellen Magie nicht möglich ist. Man kann nicht das Geburtsdatum von Emmy Hirtreiter, die am 12. 3. 1947 geboren ist, gleichsetzen mit dem Geburtsdatum der Agnes Baumann, die ebenfalls am 12. 3. 1947 das Licht der Welt erblickt hat. Das ist schlichtweg numerologischer Pfusch. Warum? Weil man die Dinge immer im Zusammenhang sehen muß.

Die Gesamtschwingung des eben genannten Geburtsdatums ergibt zusammen mit der Gesamtschwingung des Namens eine völlig individuelle Klangfarbe, die nur im Zusammenhang ein schlüssiges Ergebnis bringen kann.

Ich weiß, daß ich viele Leser jetzt vielleicht überfordere, aber ich möchte andererseits auch dem Numerologie-Sport, der vor allem in den letzten Jahren die unglaublichsten Blüten geschlagen hat, in die Parade fahren. Da wird den Interessierten weisgemacht, sie bräuchten nur die Buchstaben ihres Namens auf gewisse Zahlen umzulegen, und daraus werden dann die aberwitzigsten Schlüsse abgeleitet. Ich sage es hiermit ein für allemal: Man kann mit dem jüdischen Zahlensystem nicht x-beliebige Namen berechnen. Wer sich mit magischen Evokationen bereits vertraut gemacht hat, wird ahnen, was ich meine. Eine Evokation ist eine Lautfolge, bestehend aus bestimmten Vokalen und Konsonanten, mit der Wesen aus den verschiedensten Sphären angerufen werden können. Jedes dieser Wesen hat einen Namen, der einer Schwingung entspricht, einer Klangfarbe, an der es wiederum zu erkennen ist.

Das dürfen Sie ruhig ähnlich verstehen, wie die individuelle Färbung Ihrer eigenen Sprechstimme, an der Sie für jemanden, der Sie kennt und mit Ihnen vertraut ist, sofort zu erkennen sind, genausogut, wie die Nennung Ihres Namens bei jemandem, dem Sie schon einmal begegnet sind, ein Bild und eine Vorstellung auslösen. Nicht nur das, was Sie sagen, sondern auch der Klang Ihrer Stimme hat eine Wirkung, dessen Schwingung fortbesteht und eine Resonanz erzeugt. Genauso hat Ihr Name eine Wirkung.

Warum wohl habe ich meinen Namen geändert? Und warum hat sich nachweislich von diesem Tag der Änderung an auch mein Leben total verändert. Ich darf ruhig sagen, daß ich, als mein Name geändert wurde, von all diesen Geheimnissen nicht die geringste Ahnung hatte, und daß ich im Nachhinein nur mit Staunen und Ehrfurcht vor der Kraft stehen kann, die mir diesen Namen, den ich nun seit fast 20 Jahren trage, gegeben hat. Bitte, lassen Sie sich durch diese Bekundung nicht dazu verleiten, nun willkürlich Ihren Namen zu ändern, weil Sie mit Ihrem Schicksal, Ihrem Leben nicht zufrieden sind. Ein neuer Name muß Ihnen gegeben werden. Sie dürfen ihn sich nicht selber zurechtschneidern. Die Änderung eines Namens ist ein wahrhaft kosmischer Eingriff und darf nur von Mächten ausgeführt werden, die mit kosmischen Kräften umgehen können. Eine Namensänderung muß eine Berechtigung haben. Niemals kann man einen Namen nur deshalb ändern, weil er einem nicht mehr gefällt, oder weil er der Mode nicht entspricht. Dafür sind Sie berechtigt, innerhalb Ihres Namens Änderungen durchzuführen. Wenn Sie zum Beispiel mit dem Namen Genoveva gestraft sind, dann dürfen Sie sich ruhig, ohne Bedenken, wie es auch eine Freundin von mir tat, Genna nennen, oder, wie es auch schon vorgekommen ist, sich in Ronny umbenennen, wenn es Ihren verehrten Eltern beliebt hat, Sie nach dem geliebten Erbonkel zu benamsen, der unseligerweise Hieronymus hieß.

Es ist auffallend, daß sich bei solchen »internen« Namensänderungen die Gesamtschwingung kaum oder gar nicht ändert, also kein gewaltsamer Eingriff stattfindet. Obwohl mir mein ursprünglicher Name nicht Begeisterungsschauer vermittelt hat (wer heißt schon gerne wie ein Gemüse), wäre ich dennoch nicht auf die Idee gekommen, ihn zu ändern. Und heute bin ich schon wieder so weit, daß ich überlege, ob ich für bestimmte Dinge nicht meinen bürgerlichen Namen verwende. Gertrude, Ger-Trude, Ger-Druide, so dumm gewählt war der Name gar nicht in Anbetracht meiner Kampfeslust und meiner Interessensgebiete.

Verfolgen Sie doch bitte diesbezüglich einmal die Karriere eines gewissen »Mario Girotti«. Was, den kennen Sie nicht? Sehen Sie. Unter diesem Namen hat der Mann eine ganze Reihe von Filmen gemacht, und Sie können sich nicht erinnern. Aber »Terence Hill« ist Ihnen doch ein Begriff. Das war ein guter, wenn auch unbewußter Tausch. Ich wage zu behaupten, daß nicht ein einziger Film zusammen mit dem gewaltigen Bud Spencer entstanden wäre, hätte der Mann noch Mario Girotti geheißen.

Drum prüfe, wer sich ewig bindet, ob sich auch Nam' zu Name findet, wäre ein durchaus akzeptabler Rat. Wenn im Namen Ihre Individual-Schwingung enthalten ist, dann müßte doch auch auf diesem Wege eine Übereinstimmung zu erkennen sein. Es hat sich in letzter Zeit vor allem, immer mehr eingebürgert, daß Frauen ihren Mädchennamen bei einer Heirat behalten und ihn zusammen mit dem Namen des Ehegatten im Doppel tragen. Das kann, muß aber nicht unbedingt gut sein. Es würde sich durchaus lohnen, wenn sich unsere Numerologen auch einmal auf dieses schwierige Fach stürzen würden. Aber, wie bereits gesagt, das erfordert tiefgehende Kenntnisse eines bestimmten Gebietes der Magie und ein umfassendes Wissen der Kabbalah.

Wissen Sie übrigens, daß im weitesten Sinn die verlorengegangene Sitte, dem Familiennamen ein Wappen zuzuordnen, mit dem bildlichen Umsetzen von Schwingungen zu tun hat? Das Erstellen eines solchen Signums hat seinen Ursprung im Bedürfnis des Menschen nach Schutz verankert. Waffe und Wappen entspringen derselben etymologischen Wurzel, und gemeint ist damit ein Schildzeichen, das nicht nur weithin die Zugehörigkeit kundtut, sondern auch anzeigt, daß man gerüstet ist gegen Angreifer, gewappnet gegen das Böse.

Solche Wappen können auch geistig gebildet werden und wie ein mentaler Schutzschild verwendet werden. Wer die Gnade hat, einen Guru, einen geistigen Lehrer zu finden, der wird von ihm mit Sicherheit einen Namen geschenkt bekommen, der als persönliches Geheimnis gewahrt werden muß.

Dieser Name ist ein ganz besonderer Schutz, eine besondere Waffe, ein Wappen mit einer unverkennbaren Schwingung, die einem Signalton vergleichbar ist. Nur bei besonderen Anlässen darf dieser Name ausgesprochen oder gerufen werden, zum Beispiel in höchster Not. Dann allerdings ist die Wirkung unglaublich. Ich habe selbst vor ungefähr drei Jahren, anläßlich eines Autounfalls, diese Kraft erfahren.

Bei der Rückfahrt von einem Konzert in Stuttgart kam mein Auto auf der Nürnberger Autobahn bei 180 kmh durch einen geplatzten Reifen ins Schleudern. Jeder, dem etwas Ähnliches schon einmal passiert ist, weiß, daß der Wagen nicht mehr zu lenken ist. Man hat zwar gelernt, daß man nicht bremsen soll, trotzdem tut man es, weil man das Gefühl hat, nichts anderes in diesem Moment des totalen Ausgeliefert-Seins tun zu können. So war es auch bei mir. Das Auto brach aus, raste auf die linke Leitplanke zu, prallte daran ab, schleuderte auf die andere Seite, um dort wieder abzuprallen und so ging es mindestens 10 Mal hin und her. Schließlich drehte sich der Wagen ein paar mal um die eigene Achse und schob sich mit dem Hinterteil, also über das Differential senkrecht an der mittleren Leitplanke hoch, um endlich im Kopfstand stehen zu bleiben. Wir waren zu dritt im Auto, niemandem war ein Haar gekrümmt, ich hatte einen Fingernagel abgebrochen, das war alles.

Wir stiegen aus, sofort hielten einige Autos, deren Fahrer sich rührend kümmerten, sehr schnell kam die Polizei, war freundlich und hilfreich, nach 20 Minuten war der Abschleppdienst da und brachte mein Gefährt auf den Parkplatz des Autogeschäfts, in dem ich es gekauft hatte. Ich schaute mir das Wrack gar nicht mehr an, denn ich hatte an dem Wagen besonders gehangen. Andererseits war ich unendlich dankbar, daß keinem meiner Mitfahrer und auch mir etwas passiert war. Der ganze Vorfall spielte sich kurz nach Mitternacht ab, also in tiefer Dunkelheit, was mir eine Besichtigung, hätte ich sie gewollt, auch erschwert hätte. Zu Hause angekommen, überlegte ich mir, was eigentlich passiert war. Der Wagen war ausgebrochen, und in der Zehntelsekunde, wo ich merkte, daß sich nun etwas außerhalb meines Einflußbereiches abspielte, da hatte ich, mehr unter(über-)bewußt als mit Überlegung, die geheime Formel geschrieen. Ich hatte es gar nicht registriert. Meinen Mitfahrern war das unverständliche Wort aufgefallen. Und so dachte ich, wie wunderbar doch der Schutz gewirkt habe, umsomehr, als die Polizei uns versichert hatte, daß der Ausgang des Unfalls »das reine Wunder sei«. »Nach dem Schleuderweg«, so sagte der Polizist, der den Unfallhergang zu beschreiben hatte, »müßten Sie eigentlich wie ein Ball über die Mittelplanke geflogen sein. Bei dem Verkehr hätten Sie das nicht überlebt.« Erst jetzt war uns aufgefallen, daß rechts und links die Autos an uns vorbeirauschten, es war Wochenende und die Autobahn, trotz der späten Stunde, stark befahren. Während der Minute, in der wir hin- und hergeschleudert waren, daran erinnerten wir uns alle später, war kein einziges Auto weder vor, noch hinter uns, noch auf der Nebenbahn gewesen. Wir waren wie unter einer Käseglocke gesessen.

Das wäre schon genug Geschichte und genug des Wunders, aber der »Hammer« kam erst am nächsten Tag. Ich rief in der Werkstatt an, um die Anweisungen für die Verschrottung (man erinnere sich: mindestens 10 Mal rechts und links angeschlagen) zu geben. Der Werkmeister machte zuerst die üblichen passenden Bemerkungen wie: Aha, wolltest wieder im Fluggang fahren, doch dann fiel mir auf, daß er immer stiller wurde, während ich ihm den Unfallhergang erzählte. Schließlich sagte er: »Komm doch mal ganz schnell her.« Was ich auch tat, und dann verstand ich, warum er so still geworden war. Das Auto hatte weder rechts noch links einen Kratzer. Nichts! Nach wie vor war das Differential gebrochen und die Ölwanne durch das Hinaufschieben an der Planke aufgerissen, aber das war alles.

Aha, dachte ich, also doch gut gegengelenkt. Und bei der Gelegenheit erinnerte ich mich auch, daß es beim Anschlagen rechts und links kein Geräusch gegeben hatte, nur so ein eigenartiges Gefühl, als wenn man von einer Polsterung abprallen würde.

Drei Wochen ging ich mit stolzgeschwellter Autofahrerbrust einher: McLean hatte todesmutig vorbildlich gegengelenkt und schulbuchmäßig ausgebremst! Und dann kam sie, nämlich die Rechnung der Autobahnmeisterei: Hiermit berechnen wir Ihnen 26 Abschnitte der Leitplanken auf der Autobahn Nürnberg, die aufgrund der vollständigen Zerstörung ausgetauscht werden mußten ...

26 Leitplanken – und an meinem Auto kein Kratzer ... Das gibt zu denken. Da wird man ganz, ganz still. Also, es lohnt sich, um einen Lehrer zu beten, der einem die wirklichen Geheimnisse vermittelt. (Siehe auch Kapitel über verwendbare Techniken.) Natürlich werden Formeln selten in Todesangst schrieen. Passiert es doch, ist die Energie natürlich ungeheuerlich potenziert und wirkt doppelt und dreifach, nein, zehnfach, wenn nicht hundertfach. So eine Gewalt kann hinter der Ausrufung (Anrufung, Evokation) eines Namens sein.

Es ist also von Nutzen, wenn Sie zunächst Ihren eigenen Namen ergründen und sehr bewußt mit ihm umgehen.

Ich würde Ihnen gerne diesbezügliche hilfreiche Literatur empfehlen. Aber es gibt keine. Sie müssen durch die Schule der Kabbalah, und das möglichst mit einem guten Lehrer, und wenn Sie einigermaßen Fuß gefaßt haben in diesem Wissen, dann beten Sie weiter, daß Sie jemanden finden, der Ihnen die Magie der Evokation beibringt. Bis dahin werden Sie auch längst begriffen haben, daß Magie nichts mit all dem Unsinn zu tun hat, den sich viele Leute darunter vorstellen. Magie ist nichts anderes als das völlig bewußte Umgehen mit hohen, also Briah-Energien und Wesen, die sich aus diesen Energien heraus personifiziert haben. Doch bevor Sie danach gieren, mit hohen Wesen in Kontakt zu treten und mit ihnen umzugehen, müssen Sie zuallererst lernen, mit sich selbst, mit Ihrem Ich umzugehen. Wo kein Ich-Bewußtsein, da auch kein Über-Bewußtsein. Das war der Sinn dieses Buches: Sie zu einer bewußten Ich-Wahrnehmung zu motivieren.

Was man schriftlich niederlegen kann, das habe ich getan, manches habe ich für mich behalten, da ich der Ansicht bin, daß es ein Wissen gibt, das nach wie vor nur von Mund zu Mund gehen darf, und wo augenblicklich entschieden werden muß, was der Forderung des Moments entspricht. Wenn Sie, wie Sie es auch schon bei meinen früheren Büchern getan haben, das Gesagte nur aufnehmen und wirken lassen, und wenigstens ein bißchen von dem trainieren, was ich Ihnen empfohlen habe, dann habe ich schon mehr erreicht, als ich vor fünf Jahren zu hoffen gewagt habe. Was kann ich mehr tun, als dieses Buch mit dem Satz zu beenden, der die Quintessenz von allem ist, was jeder von uns dem andern weitergeben kann:

Sei ohne Angst – liebe, und also lebe.

Zum Weiterlesen

Bardon, Franz: *Die Praxis der magischen Evokation,* Freiburg 1986

Bindel, Ernst: *Die geistigen Grundlagen der Zahlen,* Stuttgart 1980

v. Dithfurth, Hoimar: *Im Anfang war der Wasserstoff,* Hamburg 1972

Dr. Endres, Hans / Bender Udo: *Numerologie,* Isselbach 1989

Hierzenberger, Gottfried: *Erkundungen des Jenseits,* Wien 1988

Jung, C. G.: *Die Archetypen und das kollektive Unbewußte,* Olten 1983

Kissener, Hermann: *Lebenszahlen,* Ergolding 1983

Love, Jeff: *Die Quantengötter,* Reinbek 1987

Parfitt, Will: *Die persönliche Kabbalah,* St. Gallen 1990

Regardie, Israel, *The Complete Golden Dawn System of Magic,* Phoenix/USA 1984

Sheldrake, Rupert: *Das Gedächtnis der Natur,* München 1989

Steiner, Rudolf: *Gesammelte Werke,* Dornach

Richardson, Alan: *Einführung in die Mystische Kabbalah,* Basel 1987

Wolff, Katja: *Der kabbalistische Baum,* München 1989

Wilson, Robert A.: *Der neue Prometheus,* Reinbek 1987

FRIEDENSUNIVERSITÄT
POTSDAM

»Wir dürfen nicht länger auf das Morgen warten, wir müssen es erfinden.«
Gaston Berger, französischer Philosoph

1995 soll in Potsdam eine internationale und interdisziplinäre Friedensuniversität gegründet werden, die den Dialog der Kulturen und Religionen, die Vernetzung von geistigen und materiellen Werten sowie die Kommunikation der Altersgruppen und Generationen fördert. Im Austausch verschiedener geistiger Richtungen und Denkansätze, praktischer Initiativen und Gruppierungen sollen gemeinsam handlungsorientierte Konzepte für ein friedliches Miteinander mit der Natur und ein Mehr an Menschlichkeit in den Strukturen unserer zunehmend multikulturellen Gesellschaft entwickelt werden.

Die Friedensuniversität wird Studenten und Praktikern aus dem In- und Ausland offenstehen, die bereit sind, über den Horizont ihrer Fachdisziplinen hinaus in größerem Zusammenhang zu denken und zu handeln. Nicht nur rationale Ursachen und Beweggründe, sondern auch emotionale und intuitive Grundlagen individuellen und gesellschaftlichen Handelns sollen Gegenstand fächerübergreifender Forschung sein.

Im Dezember 1991 wurde die gemeinnützige »Fördergemeinschaft zur Gründung einer Friedensuniversität (FGF) e.V.« gegründet. Ihre Aufgabe ist es, die Friedensuniversität Potsdam zu realisieren und deren konkrete Konzeption zu entwickeln. Derzeit gehören 530 Mitglieder aus 45 Ländern der FGF an. Die Friedensnobelpreisträger S.H. der Dalai Lama (Tibet), S.E. Bischof Desmond Tutu (Südafrika), Dr. Henry Kissinger (USA) und Mairead Corrigan-Maguire (Nordirland) haben gemeinsam mit dem Friedenspreisträger des Deutschen Buchhandels 1992 Amos Oz (Israel), dem Internationalen Friedensbüro in Genf und den Internationalen Ärzten für die Verhütung des Atomkrieges (IPPNW, Cambridge/USA) die Schirmherrschaft der Gründungsaktivitäten zur Friedensuniversität übernommen.

Zur Vorbereitung der Friedensuniversität veranstaltet die FGF seit Oktober 1992 u.a. Kongresse, Festivals, Seminare, Vorträge, Konzerte sowie interne und öffentliche Diskussionen und Arbeitsgruppen. Ein zentrales Anliegen ist es, Frieden in einem ganzheitlichen Zusammenhang zu sehen: als sozialer Friede, als Frieden in der Gemeinschaft im Sinne einer friedlichen Austragung von Konflikten und als persönlicher innerer Friede. Dabei soll eine Brücke zwischen dem theoretischen Friedensbegriff und einem gelebten Seinszustand geschlagen werden.

Schreiben Sie uns, wenn Sie daran interessiert sind, an den Veranstaltungen der FGF teilzunehmen und die Entwicklung der Friedensuniversität unterstützen wollen. Gerne senden wir Ihnen unsere ausführlichen Informationen zu: Fördergemeinschaft zur Gründung einer Friedensuniversität (FGF) e.V., Akazienstraße 27, 1000 Berlin 62, Telefon 030 - 782 46 10, Fax 782 63 08.

Die FGF dankt **Penny McLean**, die das Projekt als Mitglied des Beirats und Botschafterin der Friedensuniversität unterstützt, und dem **Verlag Peter Erd** für den Abdruck dieser Information.